Von "Stahlnetz" zu "Tatort"

50 Jahre deutscher Fernsehkrimi

Mit einem Vorwort von Jürgen Roland

von

Christiane Hartmann

Tectum Verlag
Marburg 2003

Hartmann, Christiane:
Von "Stahlnetz" zu "Tatort".
50 Jahre deutscher Fernsehkrimi.
/ von Christiane Hartmann
- Marburg : Tectum Verlag, 2003
ISBN 978-3-8288-8567-7

© Tectum Verlag

Tectum Verlag
Marburg 2003

Vorwort

Da ist sie endlich, die sehr gründliche Untersuchung des deutschen Fernsehkrimis, abgehandelt am Beispiel der Reihen *Stahlnetz* und *Tatort*. Eine lang erwartete Arbeit von Christiane Hartmann.

Eine Kultur- und Literaturgeschichte des internationalen Kriminalromans unter dem attraktiven Titel *Am Anfang war der Mord* von Julian Symons lag schon lange vor. Eher amüsant als akademisch. Und nun die Arbeit von Christiane Hartmann: Eine sehr sachliche Aufarbeitung des Themas Krimi und doch aufregend wie eine Story von Agatha Christie oder Raymond Chandler.

Nicht Kriminalromane sind der Mittelpunkt ihrer Untersuchung. Die Marburgerin Christiane Hartmann hat mit akademischer Akribie am Beispiel meiner inzwischen legendären *Stahlnetz*-Reihe die Geschichte des Krimis auf dem Bildschirm geliefert: Die Entstehungsgeschichte dieser Reihe, mediale, politische und gesellschaftliche Rahmenbedingungen und dann im einzelnen eine Untersuchung der Handlungen, der Charakterisierung der Hauptpersonen, des Autoritätsanspruchs und der Darstellung der polizeilichen Arbeit, der Filmmusik und des Stahlnetzmotivs, und dann – last but not least – des Remakes: *Stahlnetz* heute.

Dabei herausgekommen ist nicht nur Informatives, vielmehr Nachdenkenswertes, das weit über den Rahmen dieser Reihe hinausgeht und letztlich den modernen Fernsehkrimi schlechthin analysiert.

So kommt die Reihe *Tatort* zu einer sorgfältigen Betrachtung, und für den interessierten Leser, in den meisten Fällen ja auch Zuschauer, ist es reizvoll, Zeuge von Geschichten zu werden, in denen Gefühle wie Liebe, Hass, Habgier und Neid Menschen zu Tätern und Opfern werden lassen.

Christiane Hartmanns Buch ist für jeden, der auch vom Fernsehkrimi mehr erwartet als nur Spannung, Thrill und Suspense, ein Muss. Schließlich war es der Großmeister des Kriminalromans Raymond Chandler, der schon vor einem halben Jahrhundert feststellte: Man zeige mir den Mann oder die Frau, die Kriminalromane nicht ausstehen können, dann will ich Ihnen einen Narren zeigen, einen klugen Narren vielleicht – aber nichts desto weniger einen Narren.

Hamburg, im September 2003

Jürgen Roland

Jürgen Roland (*1925) begründete seinen Ruf als Altmeister des deutschen Fernsehkrimis u.a. als Regisseur der unvergessenen „Stahlnetz"- und vieler „Tatort"-Folgen. (C. Hartmann)

Inhaltsverzeichnis

1	**EINFÜHRUNG**	**7**
2	**DAS HISTORISCHE VORBILD:** **DIE REIHE DER FÜNFZIGER UND SECHZIGER JAHRE**	**11**
2.1	Mediale, politische und gesellschaftliche Rahmenbedingungen	14
2.2	Vom dokumentaristischen Beitrag zur fiktionalen Reihe	21
2.3	Die Gesamtentwicklung der ersten Staffel	24
3	**DAS REMAKE: „STAHLNETZ" HEUTE**	**29**
4	**FILMANALYSE**	**45**
4.1	„Der Spanner"	46
4.1.1	Kurzabriss der Handlung und Vorbemerkungen zum Film	46
4.1.2	Charakterisierung der Hauptpersonen im Rahmen der Geschlechterrollen	48
4.1.2.1	Hauptrollen	48
4.1.2.2	Nebenrollen	61
4.1.2.3	Abschließende Bemerkungen	62
4.1.3	Die Off-Stimme	63
4.1.4	Authentizitätsanspruch und Darstellung der polizeilichen Arbeit	67
4.1.5	Filmmusik und „Stahlnetz"-Motiv	71
4.1.6	Weitere filmästhetische Mittel und Spannungserzeugung	73
4.1.7	Schlussbemerkungen	79
4.2	„Innere Angelegenheiten"	81
4.2.1	Die Darstellung von Frauen und Männern	85
4.2.2	Die Darstellung der Polizei	103
4.2.3	Epilog	110
4.2.4	Bemerkungen zum Gesamtbild der zweiten Staffel	112

5	„STAHLNETZ" VERSUS „TATORT"	**121**
6	RESÜMEE	**129**
LITERATURVERZEICHNIS		**132**
E-Mail-Verzeichnis		**139**

1 EINFÜHRUNG

Schaltet man das Fernsehgerät ein oder nimmt man eine Programmzeitschrift zur Hand, kann man dem Fernsehkrimi nicht entkommen. Auf allen Kanälen und zu allen Tageszeiten werden wir von in- und ausländischen Produktionen überflutet. Das kommt den Zuschauern offensichtlich entgegen. Während parallel dazu der schon lange am Büchermarkt fest etablierte Kriminalroman einen neuen Höhenflug erlebt, sei er nun von Donna Leon oder Henning Mankell verfasst, lassen sich auch beim Fernsehkonsum des Krimi-Genres keinerlei Ermüdungserscheinungen der Rezipienten feststellen.[1]

Was macht den Reiz des Krimis aus? Warum altert er nicht? Inge Brück kommentiert seinen Erfolg: „Auf die tradierten Muster scheint Verlaß, Spannung und Entspannung garantiert."[2]

Ein Hauptmotiv beim Krimischauen liegt offenbar in der Absicht, sich unterhalten zu lassen. Der Kriminalfilm bietet sich dafür an: Wo sonst lassen sich Gut und Böse so klar unterscheiden, wo sonst finden die Konsumenten so eindeutige Bestätigung dafür, dass Verbrechen sich nicht lohnen, wo sonst kann man miträtseln und kombinieren und dabei soziale Studien treiben, womöglich sogar in bekannter Umgebung? Fernsehkrimis finden hier und heute statt, in Städten, die wir kennen, und in der Zeit, in der wir leben. Bei der seriellen Form kommt der Effekt der Vertrautheit hinzu: Das Personal, der Kommissar oder die Kommissarin und ihr Team, kehren immer

---

[1] Einen Eindruck von der Krimi-Präsenz im deutschen Fernsehen verschafft bereits ein Blick in eine Fernsehzeitung: In der Woche vom 16.02.2002 bis zum 22.02.2002, in der die Olympischen Winterspiele viel Sendeplatz einnahmen, wurden in 21 Programmen 91 Krimis ausgestrahlt. Hinzu kommen 42 ‚kriminahe' Produktionen wie Thriller, Krimikomödien und Krimi-‚Dokus'. Quelle: TV 14. Heft 4, 2002. Bauer, Heinrich. Zeitschriften Verlag KG. Hamburg.

[2] Brück, Inge. (Hg.). Einem Erfolgsgenre auf der Spur: Forschungsstand und Auswahlbibliographie zum Westdeutschen Fernsehkrimi. Halle 1994. S. 2. http://www.medienkomm.uni-halle.de/krimi/Halma4.doc.

wieder und gehören fast zur Familie. Wem das aktuelle Angebot nicht genügt, der kann seinem nostalgischen Bedürfnis in den dritten Programmen nachkommen, in denen seit vielen Jahren alte Sendungen wie der „Tatort" wiederholt werden.

Da es angesichts eines nahezu unüberschaubaren Angebots an Krimis im deutschen Fernsehen nicht möglich ist, alle Produktionen in meine Arbeit einzubeziehen, werde ich mein Thema exemplarisch erschließen. Die von mir ausgewählte Sendereihe „Stahlnetz" weist neben seriellen Elementen weitere Gemeinsamkeiten[3] mit der Mehrzahl derzeitiger Fernsehkrimis auf und erfüllt damit eine wichtige Voraussetzung, um die Strukturen des aktuellen Fernsehkrimis zu erarbeiten.

Im ‚Ersten' gehört traditionell am Sonntag um 20.15 Uhr ein Krimi zum feststehenden Programminventar. Zumeist handelt es sich dabei um „Tatort", der bereits seit über dreißig Jahren ausgestrahlt wird und damit einen beispiellosen Erfolg verzeichnet.[4] Er wird an diesem Sendeplatz alternierend mit „Schimanski", „Polizeiruf 110" und „Die Männer vom K3" ausgestrahlt. „Stahlnetz", produziert vom NDR, wurde 1999 in die Gruppierung aufgenommen und mit bisher vier Folgen ausgestrahlt. Das ARD-Jahrbuch kommentiert die Neuerung mit den Worten:

> „Zu den Markenzeichen der Krimi-Unterhaltung im Ersten [...] kamen 1999 zwei neue Folgen der legendären „Stahlnetz"-Reihe (NDR), die schon in den 50er und 60er Jahren bis zu 90% der Fernsehzuschauer in ihren Bann zog. Die Filme knüpften an das von Jürgen Roland und Wolfgang Menge ent-

---

[3] Der Nachweis erfolgt im Rahmen der Filmanalysen.

[4] Eike Wenzel fasst dieses Phänomen in folgende Worte: „Wie alles in der Populärkultur ist auch der TATORT zunächst einmal ganz selbstverständlich da, als hätte es ihn schon immer gegeben. Zumindest für die Generationen, die in den sechziger und siebziger Jahren aufwuchsen, ist der Sonntag ohne TATORT schlechterdings nicht vorstellbar." In: Wenzel, Eike (Hg.). Ermittlungen in Sachen TATORT. Berlin 2000. S. 7.

wickelte Konzept an, authentische Fälle aus der Perspektive der Polizei zu erzählen."[5]

„Stahlnetz" zeichnet sich damit durch eine Besonderheit aus: Als Neuinszenierung eines klassischen Formats greift es auf einen historischen Ursprung zurück. Ab 1958 lief im Ersten Programm des Deutschen Fernsehens mit großem Erfolg zehn Jahre lang eine Krimireihe gleichen Namens, zu einer Zeit, in der das Fernsehen noch ‚in den Kinderschuhen steckte' und die Grundlagen für seine Entwicklung zum Massenmedium entstanden.

Mit der Aktualisierung um die Jahrhundertwende lässt man sich auf eine Gratwanderung ein: Einerseits werden bewährte Elemente der historischen Vorlage übernommen. Dazu gehören zum Beispiel das im Vorspann per Schriftzug bekanntgegebene Basieren auf ‚wahren Fällen aus den Polizeiakten', der Voice-Over und die Filmmusik. Andererseits stellt sich bei näherer Betrachtung die Frage, ob diese Adaptionen nur oberflächlicher Natur sind, denn die modernen Folgen machen substanzielle Konzessionen an den veränderten Publikumsgeschmack: angefangen beim höheren Erzähltempo über Protagonisten, deren Hintergrund psychologisch beleuchtet wird, bis zu ‚action'-Momenten, die es beim Vorbild kaum gab. Diese Kontraste eröffnen die Möglichkeit, einen charakteristischen Ausschnitt der aktuellen Fernsehkrimilandschaft darzustellen.

Ich werde zunächst auf die Ursprungsreihe und ihre charakteristischen Merkmale eingehen, um ihre prägende Wirkung auf den Fernsehkrimi von heute zu verdeutlichen. Auf dieser Grundlage werde ich die neue Auflage untersuchen und feststellen, inwieweit alte Strukturen wieder aufgenommen wurden. Die Annäherung an die aktuelle „Stahlnetz"-Reihe wird über die Analyse von zwei ausgewählten Beiträgen erfolgen und durch ergänzende Informationen zum Gesamtbild der neuen Staffel abgerundet werden. Dieser Teil stellt den Kern meiner Arbeit dar.

---

[5] ARD-Jahrbuch 2000. Deutsches Rundfunkarchiv. Frankfurt am Main 2000. S. 258.

Da „Tatort" den Sendeplatz dominiert, der auch „Stahlnetz" eingeräumt wird, wird zum Schluss eine Gegenüberstellung der beiden Produktionen erfolgen. Im Ergebnis soll sich erweisen, ob das Format als charakteristischer aktueller Fernsehkrimi zu typisieren ist.

2 DAS HISTORISCHE VORBILD: DIE REIHE DER FÜNFZIGER UND SECHZIGER JAHRE

Die frühe Reihe lief exakt zehn Jahre: Die erste Sendung wurde am 14. März 1958, die letzte am 14. März 1968 ausgestrahlt. Ähnlich wie ihr amerikanisches Vorbild „Dragnet" bezog sie ihre Fälle aus Akten der Kriminalpolizei und beanspruchte für sich Authentizität. ‚Belegt' wurde diese unter anderem mit einem Schriftzug im Vorspann, der auf den Wahrheitsgehalt der Story verwies, mit aktuellen zeitgeschichtlichen Verweisen auf die Alltagsrealität und mit einer Stimme aus dem Off, die zumeist dem jeweils ermittelnden Kommissar gehörte und im Reportagestil chronologisch-linear den jeweiligen Ermittlungsstand kommentierte. Auch das Einschneiden dokumentarischer Aufnahmen und die Erwähnung aktueller politischer Ereignisse trugen dazu bei, einen realistischen Eindruck zu erwecken.

Das alles erfolgte mit Hinweis auf die aufklärerische Funktion der Filme: Die offensichtlich mühsame, oft aufopfernde Polizeiarbeit wurde positiv ins Bild gesetzt, wobei man auf Spannungseffekte und Fiktionalität keineswegs verzichtete. Nicht so deutlich ausgesprochen, jedoch heute leicht erkennbar, ist die erzieherische Absicht der Reihe: Es galt, das während der noch nicht lange zurückliegenden NS-Zeit erschütterte Vertrauen in die Ordnungsmacht Polizei wieder herzustellen. Damit entsprach „Stahlnetz" als pädagogische Sendung dem damaligen Auftrag des Fernsehens von Bildung und Stärkung des demokratischen Bewusstseins.

In Übereinstimmung mit der erzieherischen Absicht waren ‚gut' und ‚böse' klar definiert. Die Ermittler standen als Beamte und damit Vertreter einer staatlichen Institution stets auf der ‚richtigen', moralisch einwandfreien Seite. Ihre persönliche Integrität wurde gelegentlich durch kurze Einblicke in ein geordnetes Ehe- und Familienleben unterstrichen. Bei den Tätern war die Zuweisung ebenso eindeutig. Es gab zwar Abstufungen hinsichtlich der Schwere ihrer Verbrechen und ihrer persönlichen Schuld, doch wurden weder das Umfeld der Delinquenten und ihre Beweggründe erhellt, noch ihre sozialen Rahmenbedingungen in Frage gestellt.

Man bediente sich wechselnder Kommissar-Figuren. Es handelte sich dabei – in der Adenauer-Ära nicht sehr überraschend – immer um den gleichen Typus: dominant, seriös, patriarchalisch. Gelegentlich stand dem einem oder anderen unterstützend eine Frau zur Seite. Mehr als assistieren durfte sie jedoch nicht. Frauen im Polizeialltag traten ansonsten zumeist als kaffeekochende und knöpfeannähende Sekretärinnen in Erscheinung.

Das entsprach den damaligen realen gesellschaftlichen Verhältnissen. Erst im Laufe der folgenden Jahre und Jahrzehnte sollte sich die zwar im Grundgesetz verankerte, aber in den fünfziger und sechziger Jahren nur unzureichend umgesetzte Gleichberechtigung der Frauen langsam durchsetzen. Die Geschlechterrollen erfuhren während dieses Prozesses umwälzende Veränderungen, die sich in modernen Krimiproduktionen widerspiegeln. Das Frauenbild bietet einen geeigneten Ansatzpunkt zur Untersuchung von „Stahlnetz", weil es einen Vergleich der neuen mit der alten Produktion und darüber hinaus eine Einordnung ins Gesamtbild der aktuellen Fernsehkrimis erlaubt. Dieses Thema wird daher einen Schwerpunkt meiner exemplarischen Analyse bilden.

Die ausschließlich männlichen Kommissare im frühen „Stahlnetz" waren trotz ihres vertrauenerweckenden Habitus keine Identifikationsfiguren. Dazu wurden sie zu wenig charakterisiert; von ihren Gedanken und Gefühlen erfuhr man kaum mehr, als dass ihnen ihre Arbeit über alles ging. Gleichwohl übten sie eine Vorbildfunktion aus (oder sollten das zumindest tun), denn sie standen für Recht und Ordnung und vertraten zudem Werte wie Fleiß, Pflichtgefühl und Ehrbarkeit. Ihre Assistenten spielten eine untergeordnete Rolle; sie hinterfragten niemals die Hierarchie, gehorchten ohne Einspruch und zeichneten sich durch ähnliche Tugenden aus wie ihre Vorgesetzten. In der Folge „Strandkorb 421" (1963) kam es sogar vor, dass

‚kleine' Polizisten als zu belächelnde Figuren geschildert wurden.[6] Doch Hellmut Lange als intelligente, alles überschauende Leitfigur war stark genug, diesen ‚Fauxpas' auszugleichen.

Die Arbeit der Kommissare und ihrer Mitarbeiter wurde den Zuschauern als ‚authentisch' dargestellt. In der Neuauflage werden die ErmittlerInnen und ihre Arbeit auf völlig andere Weise in Szene gesetzt; teilweise ist dies auch auf den technischen Fortschritt und gesellschaftliche Prozesse zurückzuführen. Der Authentizitätsanspruch wird dabei zurückgenommen.[7] Damit eröffnet sich auch in diesem Bereich die Möglichkeit, sowohl auf Veränderungen des frühen gegenüber dem aktuellen „Stahlnetz" als auch auf Übereinstimmungen und Kontraste gegenüber dem Panorama aktueller Fernsehkrimis einzugehen. Die Darstellung der Polizei im Rahmen des ‚Wirklichkeitscharakters' von „Stahlnetz" wird daher den zweiten Schwerpunkt meiner Analyse bilden.

Wolfgang Menge und Jürgen Roland gelang es, die trockenen Fakten so spannend aufzuarbeiten, dass die Sendung zehn Jahre lang Bestand hatte.[8] Das stellt bereits für sich betrachtet einen Erfolg dar und verweist auf die Relevanz von „Stahlnetz" in der damaligen Fernsehlandschaft. Ein kurzer historischer Rückblick auf die Anfänge des Fernsehens in Deutschland verdeutlicht den zeitgeschichtlichen Kontext der Reihe.

---

[6] Die Bild-Zeitung kommentierte diese Darstellung unter der Schlagzeile „Polizei ärgert sich über Strandkorb 421" mit: „Jürgen Roland und [...] Wolfgang Menge haben viele ihrer Freunde von der Polizei vor den Kopf gestoßen: In ihrer letzten Sendung [...] wirkten Ortspolizisten und Kripobeamte wie hilflose Schuljungen." In: Bild-Zeitung. 26.11.1964.

[7] Wie ich noch zeigen werde, sind aktuelle Fernsehkrimis auch dann durch Realitätsbezüge gekennzeichnet, wenn sie als rein fiktionale Produkte in Erscheinung treten.

[8] Leider konnte der Grund für die Einstellung der Reihe nicht recherchiert werden. Eine Rückfrage beim NDR ergab, dass „[...] sämtliche Unterlagen der alten Stahlnetze [...] verlorengegangen" sind. Kirjakov, Sabine. s.kirjakov.fm@ndr.de Stahlnetz. Persönliche E-Mail. 13. September 2000. 14. September 2000.

2.1 Mediale, politische und gesellschaftliche Rahmenbedingungen

Als am 12.07.1950 der Nordwestdeutsche Rundfunk das erste Fernseh-Testbild ausstrahlte, versuchte das Nachkriegsdeutschland noch, sich von den Nachwirkungen des NS-Regimes zu erholen und zu einer neuen Normalität zu finden. Seit dem 15. September 1949 beeinflusste Konrad Adenauer (CDU) als erster Bundeskanzler der neuen Republik maßgeblich die Geschicke seines Landes. Politisch, wirtschaftlich und privat war der Aufbau in vollem Gange. Die Bundesrepublik Deutschland bemühte sich innen- wie außenpolitisch um Ansehen, das Wirtschaftswunder begann erste Früchte zu tragen. Familiensinn und Häuslichkeit erlebten eine Renaissance, in deren Rahmen Deutschlands Frauen vorläufig wieder an den Herd zurückverwiesen wurden. Der Soziologe Helmut Schelsky nennt diese Entwicklung einen „Rückzug ins Private des heimischen Familienkreises".[9]

In dieser Aufbauphase etablierte sich in der noch jungen Bundesrepublik Deutschland in den fünfziger Jahren allmählich das Fernsehen. Es verfügte bereits über eine längere Vorgeschichte: Schon im Jahr 1929 hatten erste regelmäßige drahtlose Übertragungsversuche für Fernsehbilder ohne Ton stattgefunden. Nach und nach entwickelten sich bereits Programmformen, die es zum Teil auch noch heute gibt, etwa Wochenschauen und Fernsehkrimis.[10] Am 25. Dezember 1952 schließlich wurde der Sendebetrieb des Fernsehens in der Bundesrepublik Deutschland aufgenommen.[11] Zum künftigen Programm sagte der damalige Bundespostminister Schuberth in seiner Eröffnungsrede, er wünsche sich, dass es „[...] zur Gesundung der deut-

---

[9] Zitiert nach Zimmermann, Peter. Fernsehen in der Adenauer-Ära. In: Heller, Heinz-B. und Zimmermann, Peter (Hg.). Blicke in die Welt. Reportagen und Magazine des nordwestdeutschen Fernsehens in den 50er und 60er Jahren. Konstanz 1995. S. 184.

[10] Vgl. Bleicher, Joan Kristin. Ästhetik, Pragmatik und Geschichte der Bildschirmmedien. In: Chronik der Programmgeschichte des deutschen Fernsehens. Arbeitshefte Bildschirmmedien. Heft 32, 1992. Universität-GH-Siegen. S. IV.

[11] Bauer, Ludwig. Authentizität, Mimesis, Fiktion. München 1992. S. 54.

schen Seele beitragen möge."[12] Diese vage Bemerkung lässt ahnen, dass man durch „das Fenster zur Welt"[13] erheblichen Einfluss auf die Zuschauer nehmen wollte.

Kennzeichnend für die ersten Fernseherfahrungen war, dass aufgrund fehlender Aufzeichnungsmöglichkeiten live ausgestrahlt wurde. Das hatte auf die Zuschauer eine faszinierende Wirkung. So schreibt die Süddeutsche Zeitung im Jahr 1953,

„[...] die >>Allgegenwärtigkeit<< [...] des neuen Mediums [...] [vermöge, C.H.][14] das Gefühl für räumliche wie zeitliche Grenzen [...].aufzuheben [...]. [Das habe, C.H.] etwas Gespenstisches".[15]

Spektakuläre Live-Sendungen wie die Übertragung der Krönung von Queen Elizabeth im Jahr 1953 und der Fußballweltmeisterschaft im Jahr 1954 trugen wesentlich zur Verbreitung des Fernsehens bei.[16]

Am 1. November 1954 begann offiziell das Gemeinschaftsprogramm der „Arbeitsgemeinschaft der Rundfunkanstalten Deutschlands" (ARD),[17] der alle deutschen Rundfunkanstalten angehörten. Um sich im Rahmen allgemeiner Dezentralisierungsbestrebungen von der Reichsrundfunkgesellschaft und ihrer zentralistischen Form abzusetzen, konstruierte man diese Form einer föderalistischen Arbeitsgemeinschaft und sicherte sie durch Vereinbarungen der Rundfunkanstalten untereinander und einen Staatsvertrag der Länder.[18] Von der zweiten Hälfte der fünfziger Jahre an ging es mit

---

[12] Bleicher 1992. Universität-GH-Siegen, S. 33.
[13] Zitiert nach Zimmermann. In: Heller et al. 1995. S. 184
[14] Persönliche Einfügungen in Zitate werde ich auch in Zukunft durch mein Namenskürzel C. H. kennzeichnen.
[15] Zitiert nach Zimmermann. In: Heller et al. 1995. Seite 182
[16] Ebda.
[17] Bleicher 1992. Universität-GH-Siegen, S. V.
[18] Kreuzer, Helmut. Sachwörterbuch des Fernsehens. Göttingen 1982. S. 11.

der Zahl der Fernsehgeräte schnell aufwärts; das Fernsehen entwickelte sich zum Massenmedium: Am 1. Oktober 1957 gab es in der Bundesrepublik Deutschland bereits mehr als eine Million Fernsehgeräte, Ende 1958 wurde die 2 Millionen-Marke erreicht.[19]

Mit der fortschreitenden Verbreitung des Mediums wuchs auch sein Einfluss auf das Alltagsleben der Bürger. Man musste nicht mehr ins Kino gehen, um sich filmisch unterhalten oder informieren zu lassen. Fernsehen wurde zur häuslichen Freizeitbeschäftigung und trug wesentlich zur Strukturierung der Abende bei. Dabei

> „[...] übernahm [es, C.H.] die Selektion, Gestaltung, Bewertung und Ausstrahlung der von den Redaktionen für relevant erachteten politischen, wirtschaftlichen, sozialen und kulturellen Sujets. Die Fernsehberichterstattung machte ihre Zuschauer solchermaßen zu Augenzeugen von Ereignissen aus aller Welt".[20]

Im Verhältnis zum vertrauten Medium Radio war die Intensität der Fernsehbotschaften ungleich stärker, weil sie vorwiegend visuell vermittelt wurden. Die ‚Macht der Bilder' sorgte für eine Direktheit der Wahrnehmung, die bisher nur aus dem Kino bekannt war.[21]

In dieser Szenerie spielte der Krimi von Anfang an eine wichtige Rolle. Inge Brück konstatiert: „Praktisch mit Sendebeginn des westdeutschen Fernsehens flimmern die ersten Krimis über die Bildschirme."[22] Dazu führt sie beispielhaft entsprechende Programmankündigungen der HÖR ZU aus dem Jahr 1953 an.[23]

---

[19] Weber, Thomas. Die unterhaltsame Aufklärung. Bielefeld 1992. S. 53.
[20] Zimmermann. In: Heller et al. 1995. S. 185.
[21] „Kamera und Mikrofon erschienen als Ergänzung der Sinnesorgane [...] Für [...] das Familienleben spielte das Fernsehen bald eine ähnlich wichtige Rolle wie für die Vermittlung sozialen Wissens." Ebda.
[22] Brück 1994. S. 9.
[23] Ebda.

Bereits dem „Stahlnetz"-Vorläufer „Der Polizeibericht meldet" schrieb man eine hohe Verantwortung zu. Im Jahr 1954 wird in der Zeitschrift „Funkkorrespondenz" die neunte Folge der Sendereihe rezensiert und dabei herausgestellt, wie ernst und wichtig die Aufklärung im Straßenverkehr sei, die im Rahmen der Sendung durch Kriminaldirektor Breuer von der Hamburger Polizei „[...] mit fast väterlicher Sorge"[24] durchgeführt wurde: „Wir sahen selten eine Sendung des Sehfunks, die so überzeugend ein aktuelles Problem darstellte."[25]

Dieses Aufklärungskonzept wurde bei „Stahlnetz" ebenso fortgesetzt wie bei später folgenden Adaptionen. Die Presse begleitete und unterstützte den teils selbst gestellten, teils von außen erzeugten moralischen Anspruch. Das Ausmaß des öffentlichen Interesses lässt sich an der Ernsthaftigkeit ablesen, mit der sich die Rezensenten dem Fernsehkrimi widmeten. Das trifft insbesondere auf „Stahlnetz" zu, das nach Ansicht von Hans Joachim Schneider „[...] vor allem auch der Unterrichtung und Erziehung der Fernsehzuschauer im Hinblick auf die Bewältigung des Verbrechens als gesellschaftlicher Erscheinung"[26] dienen sollte.

„Stahlnetz" verschrieb sich dieser Aufgabe und darf in dieser Hinsicht als Avantgarde der Kriminalfilmreihen gelten, der sehr bald Sendungen wie „Das Kriminalmuseum" und „Der Kommissar" sowie unzählige weitere folgten. Sein Regisseur Jürgen Roland hatte bereits den Vorgänger „Der Polizeibericht meldet" inszeniert, der seit 1953 ausgestrahlt und von „Stahlnetz" abgelöst wurde.[27] Gemeinsam war beiden die Zielsetzung, die

---

[24] Warnlicht im Sehfunk. Funk-Korrespondenz 23/1954. S. 16.
[25] Ebda.
[26] Schneider, Hans Joachim. Kriminologische Bemerkungen zu den Fernsehsendereihen „Stahlnetz" und „Fernsehgericht". In: Rundfunk und Fernsehen, 13. Jahrgang 1965, Heft 1, S. 1.
[27] Die letzte Folge von „Der Polizeibericht meldet" war zugleich die erste „Stahlnetz"-Folge.

Polizeiarbeit durch die Mitwirkung der Bürger bei der Bekämpfung von Verbrechen zu unterstützen.

Die eigentliche Idee zu „Stahlnetz" stammt aus den Vereinigten Staaten. Dort wurde bereits seit Dezember 1951 die „erfolgreichste Polizeiserie der Welt"[28] ausgestrahlt: „Dragnet"[29] entstand unter der Regie von Jack Webb, der zudem die Drehbücher schrieb und die Hauptrolle des Sergeanten Joe Friday innehatte. Die gezeigten Fälle basierten auf Kriminalakten. Die Titelmelodie wurde beim deutschen Pendant von „Dragnet" ebenso übernommen wie der Voice-Over und der dokumentarische Gestus, der unter anderem im Abspann unterstrichen wurde. Dort „[...] erschien das Gütesiegel, das für die Authentizität des Gezeigten zu bürgen schien: 'Technical advice for the filming of Dragnet came from the office of Chief W. H. Parker, Los Angeles Police Department.'"[30]

Auch die Intention einer „flammende[n, C. H.] Warnung vor Gesetzesbruch und Missetat"[31] findet sich, angepasst an deutsche Verhältnisse,[32] in „Stahlnetz" wieder. Jürgen Roland schildert in seinem Aufsatz „‚Stahlnetz' oder die Wahrheit über die Polizei" die „[...] gemeinsame[n, C.H.] Bemühungen der Kriminalpolizei und des Fernsehens [...], das Verbrechen präventiv und progressiv zu bekämpfen."[33] Die Besonderheit von „Stahlnetz"

---

[28] Zitiert nach Keller, Harald. Kultserien und ihre Stars. Das Pflichtprogramm. Berlin 1988. S. 114.

[29] Die wörtliche Übersetzung lautet „Schleppnetz", der Begriff ist laut Keller dem „Cop-Jargon entnommen [...] und bezeichnet [...] eine Großfahndung." Ebda., S. 115.

[30] Zitiert nach Keller. Ebda. S. 117.

[31] Ebda.

[32] Der Autor Wolfgang Menge wollte gegen die amerikanischen Krimis „[...] etwas Landesübliches" [setzen, C.H.] „[...] trauten Mief, keine Polizeihelden, sondern den Apparat." Menge, Wolfgang. Von Haken und Ösen. In: Fernsehen und Film, 8 (1970), Heft 4, S. 25.

[33] Roland, Jürgen. „Stahlnetz" oder die Wahrheit über die Polizei. In: Fernsehen, (6) 1958, Heft 10, S. 526.

bestand nach seinen Worten darin, dass „[...] im Mittelpunkt der Handlung nicht etwa das Verbrechen und die Verbrecher stehen, sondern die Kriminalpolizei und ihr Kampf gegen das Verbrechen."[34] Der Zuschauer sollte „[...] ein Gefühl von der Engmaschigkeit des ‚Stahlnetzes' erhalten, das die Polizei auswirft, um die Verbrecher zu fangen."[35]

Dass die ‚Kämpfer für Recht und Ordnung' im Zentrum der Inszenierung standen, gab die Erzählperspektive vor. Die Beamten hatten allerdings wenig Ähnlichkeit mit spektakulären Detektivfiguren aus Literatur und Film, sondern waren ‚Menschen wie du und ich'. Das war nach Aussage von Jürgen Roland beabsichtigt. Er wollte Polizeibeamte darstellen, die

> „[...] keine Sherlock-Holmes-Figuren [sind, sondern, C.H.] [...] Menschen, wie sie uns in jeder Kriminalabteilung unseres Vaterlandes begegnen, ruhige, unauffällige Männer, die jahraus, jahrein ihrem Dienst nachgehen und am Ende ihrer Laufbahn vielleicht 361 gestohlene Fahrräder wieder herbeigeschafft haben..."[36]

Die Bevölkerung zu aktiver Mitarbeit bei der Verbrechensbekämpfung zu erziehen und die moralische Botschaft ‚Crime doesn't pay' zu vermitteln, waren demnach wichtige Ziele. Schließlich galt es, das durch die Nazi-Vergangenheit erschütterte Vertrauen der Bürger in die Ordnungsmacht Polizei wiederherzustellen. Die vertrauenerweckenden „Stahlnetz"-Polizisten dienten als Träger der Botschaft. Das Konzept der Reihe war, auch angesichts dieser Intention, ein moralisches. Den Zuschauern wurden ethische Werte wie Ehrlichkeit, Aufrichtigkeit und Standhaftigkeit vermittelt. Durch die Überführung der Täter in allen Folgen wurde unterstrichen, dass Verbrechen sich nicht lohnen. Die gezeigten Straftaten – nicht nur Kapitalverbrechen, sondern auch kleinere Delikte – stellten allesamt eine „[...]

---

[34] Ebda., S. 527.
[35] Ebda.
[36] Ebda., S. 528.

Grenzüberschreitung ‚Legalität' vs. ‚Illegalität' [...]"[37] und damit eine Verletzung gesetzlicher Normen dar, die durch die Beamten wieder ‚geheilt' wurde.

Dieses Krimikonzept mit moralischem Anspruch forderte bereits in frühen Fernsehzeiten den Diskurs heraus. In diesem Rahmen fand eine - bis heute weitergeführte - Diskussion über den Einfluss medialer Gewaltdarstellungen auf die reale Kriminalität statt.[38] Insgesamt jedoch wurde die Reihe als wirklichkeitsnah wahrgenommen und der Verzicht auf „Spannungseffekte um der Sensation und des Nervenkitzels willen"[39] gelobt. Dass das Rezept der Verantwortlichen aufging, belegt eine statistische Untersuchung von „Infratest", die den Zeitraum von April 1963 bis Dezember 1964 umfasst. Darin heißt es:

> „Publikumsbefragungen in mehr als 150.000 Haushalten erbrachten das Ergebnis, der besondere Reiz dieser Sendungen für den Zuschauer liege darin, [...] daß er zusammen mit der Spannung der Handlung einen Einblick in die Arbeit der Kriminalpolizei bekommt und daß er das Geschehen durch die Authentizität des Falles und seiner Darstellung als unmittelbar ‚lebenswahr' empfinden kann."[40]

Die historische Reihe „Stahlnetz" hat Pionierarbeit geleistet. Drehbuchautor Wolfgang Menge und Regisseur Jürgen Roland schufen damit den Vor-

---

[37] Ebda., S. 45.

[38] Schneider fragt in seinem Aufsatz über „Stahlnetz" und „Fernsehgericht", „[...] ob die Sendereihen aus kriminologischer Sicht [...] nicht auch Gefahren heraufbeschwören können, [...] es erscheint kriminologisch nicht völlig unbedenklich, aus dem Verbrechen einen Unterhaltungsstoff zu machen. [...] Die Gestaltung [...] erfordert daher kriminologisches Wissen und ein behutsames Vorgehen." Schneider 1965. S. 2

[39] Ebda., S. 1.

[40] Infratest. Der Fernsehzuschauer: Das Kriminalstück im Urteil der Zuschauer. (= Schriftenreihe zur empirischen Sozialforschung 3) München 1965. S. 19. In: Bauer 1992. S. 55f.

läufer des deutschen Fernsehkrimis und etablierten darüber hinaus die im Fernsehen noch heute dominierende serielle Form. Noch immer orientieren sich Sendungen wie „XY ungelöst"[41] zumindest partiell am „Stahlnetz"-Konzept: Diese Fahndungssendung weist neben einem – wesentlich stärker ausgeprägten – Appell an die Zuschauermitarbeit sowohl die Verknüpfung von Fiktions- und Authentizitätsmerkmalen als auch eine Off-Stimme auf, die über den jeweils vorliegenden Ermittlungsstand informiert.

2.2 Vom dokumentaristischen Beitrag zur fiktionalen Reihe

Am Anfang jeder Folge erschien der Schriftzug:

> „Dieser Fall ist wahr. Er wurde aufgezeichnet nach Unterlagen der Kriminalpolizei. Nur Namen von Personen, Schauplätzen und die Daten wurden geändert, um Unschuldige und Zeugen zu schützen."

Damit erhielten die Zuschauer ein „Versprechen von Authentizität",[42] sie wurden zu ‚Augenzeugen' eines Vorgangs gemacht, der in ihrer Nachbarschaft hätte geschehen können. Durch den filmimpliziten Appell an erhöhte Aufmerksamkeit und Verbrechensprävention erfolgte eine Verknüpfung von fiktiver und tatsächlicher Welt und damit eine enge Einbindung der RezipientInnen ins filmische Geschehen.[43]

---

[41] Die Sendung wurde erstmals am 20.10.1967 ausgestrahlt. In: Bauer 1992. S. 198.

[42] Peulings, Birgit. Von „Der Polizeibericht meldet" zu „Stahlnetz". In: Heller et al. 1995. S. 146.

[43] Damit greift die Reihe auf die Pitaval-Geschichten des 18. Jahrhunderts zurück. Bauer schreibt bereits dem damaligen Publikum ein „gesteigerte[s, C.H.] forensische[s, C.H.] Interesse" an den Kriminalfällen zu, die ab 1734 von dem französischen Juristen Francois Gayot de Pitaval veröffentlicht wurden. In: Bauer 1992. S. 50.

Unterstrichen wurde der Authentizitätsanspruch dadurch, dass „häufig ,echtes' Dokumentarmaterial eingeschnitten"[44] wurde, etwa Aufnahmen bekannter Gebäude und Plätze Berlins. Diesen „Präsentationsgestus",[45] der den Eindruck eines nichtfiktionalen Geschehens verstärkte, vergleicht Birgit Peulings mit dem „Stil eines Wochenberichts".[46] Als auffallend registriert sie in diesem Zusammenhang den

> „[...] belehrende[n, C.H.]Gestus [...] und die ständige Betonung der Wichtigkeit von Zeugenaussagen. [...] Immer wieder wird vorgeführt, wie leicht sich die Ermittlungen gestalten könnten, hätten die Zeugen genauer beobachtet."[47]

Darin liegt der bereits aufgeführte Appell an das Publikum: Mehr Aufmerksamkeit, mehr persönliches Engagement wurden ihm nahegelegt.

Der Regisseur Jürgen Roland gehörte seinerzeit auch zu den Avantgardisten der „frühen Reportagen"[48], denen Heller die „Haltung des [...] kommentierenden, resümierenden Rechercheurs, Entdeckers, Erzählers in Person"[49] attestiert. Seinen Reportagestil[50] übertrug Roland auf die „Stahlnetz"-Inszenierung und verstärkte damit den Authentizitätseindruck. Den Realitätsgehalt der Sendung unterstrich Jürgen Roland, indem er die Arbeit des Drehbuchautors kommentierte:

---

[44] Peulings. In: Heller et al. 1995. S. 148.
[45] Ebda.
[46] Ebda.
[47] Ebda., S. 151.
[48] Heller, Bernd. Fernsehdokumentarismus der offenen Form. In: Heller et al. 1995. S. 86.
[49] Ebda.
[50] Vgl. den oben aufgeführten Terminus „Stil eines Wochenberichts" von Peulings. Ebda., S. 148.

> „Wolfgang Menge hat es nicht immer leicht, wenn er wirkungsvolle Szenen auslassen muss, um der Wahrhaftigkeit, der dokumentarischen Echtheit die Ehre zu geben."[51]

Der Autor informierte sich zwar bei der Kriminalpolizei, doch zugunsten der intendierten positiven Schilderung der Polizeiarbeit modifizierte er die realen Geschehnisse. Das Ergebnis beschreibt er wie folgt:

> „[...] dokumentarisch war es dennoch nicht ganz, weil ich oft was verändern mußte. Schon weil die Polizei unvermeidlich oft und das weiß sie hinterher dann auch besser, Fehler macht. Und wenn ich die komplett zeigen würde, würden sich die Leute totlachen. Dagegen ist prinzipiell nichts einzuwenden, aber es hätte dem Sinn der Sendung nicht unbedingt entsprochen."[52]

Damit wird deutlich, dass der Authentizitätsanspruch, wenn nicht explizit, so doch faktisch, teilweise aufgegeben wurde. Weitere Zugeständnisse an den Zuscheranspruch auf spannende Unterhaltung waren erforderlich. Häufig wurden Licht- und Schatteneffekte eingesetzt, die gelegentlich an film noir-Merkmale erinnern und eine unheimliche Atmosphäre erzeugten. Die Spannung wurde generiert und gesteigert, indem man zwar die Ausführung des Verbrechens, jedoch zunächst nicht den Täter zeigte. Dramaturgisch geschickt wurde die Musik eingesetzt: Oft ertönte sie abrupt in einem atemlos stillen Augenblick. Spätestens dann wussten die Zuschauer, dass die Zeichen auf Spannung standen.

Bei einer chronologischen Betrachtung der Folgen lässt sich eine fortlaufende Reduzierung des dokumentarischen zugunsten des fiktionalen Charakters beobachten. Das stellt auch Birgit Peulings fest:

> „Der konzentrierte Einsatz fiktionaler Mittel hatte [...] zur Folge, dass der authentische Charakter der Reihe unterging. Das

---

[51] Ebda. S. 86.
[52] Menge 1970. S. 25.

noch am Anfang ausgegebene Authentizitätsversprechen löste sich bereits in den ersten Tatinszenierungen auf."[53]

Eine Mischform von Realitätscharakter und Fiktion war entstanden. Sie liegt seitdem den meisten Fernsehkrimis, wenn auch in unterschiedlich starker Ausprägung, zugrunde und macht einen wesentlichen Reiz auch aktueller Produktionen aus.

2.3 Die Gesamtentwicklung der ersten Staffel

Eng verknüpft mit dem Authentizitätsanspruch war die Stimme aus dem Off. Die ersten noch im Stil von Reportagen[54] gedrehten Folgen waren durch verbale Informationen geprägt, die den Spannungsaufbau hemmten. Besonders prägnant ist das in der zweiten Folge mit dem Titel „Bankraub in Köln": Ein Nachrichtensprecher verliest zu Anfang minutenlang die Begründung dafür, dass einige Kinder für ihre wichtigen Zeugenaussagen öffentlich belobigt wurden. Der Informationscharakter wurde durch den Einsatz des Voice-Over verstärkt, der in protokollarischem Stil Daten und ‚Fakten' vermittelte.

In den folgenden Sendungen gewannen die Bilder rasch an Gewicht, wobei sich die Off-Stimme etwas zurückzog. Sie behielt jedoch weiterhin die Funktion bei, die Zuschauer über den jeweiligen Stand der Ermittlungen zu informieren, wobei im Regelfall der ermittelnde Kommissar zu uns sprach. Gelegentlich gab er diesen Part an seinen Assistenten ab, so geschehen etwa in „Spur 211" aus dem Jahr 1962.

---

[53] Peulings. In: Heller et al. 1995. S. 152.
[54] Es sei am Rande auf eine Parallele zu den Reportagen hingewiesen, die zur gleichen Zeit einen ästhetischen Wandel durchliefen. Heller zitiert dazu Kracauer, der diesen Prozess als ein Eingreifen in das „vorgefundene Material der Wirklichkeit" bezeichnete. Heller, Heinz-B. Fernsehdokumentarismus der offenen Form. In: Heller et al. 1995. S. 87.

In „Der fünfte Mann" (1965) gehörte die Off-Stimme überraschenderweise dem Täter. Das ist schon deshalb auffallend, weil während der gesamten zehn Jahre die Täterperspektive im Hintergrund blieb.

Im Zuge der zunehmenden Fiktionalität und der Entwicklung der Technik wandelte sich auch die Kameraarbeit, die zu Anfang noch auffallend statisch war. Im weiteren Verlauf wurde sie zunehmend beweglicher und facettenreicher, entdeckte Detailaufnahmen und Einstellungen in Ober- und Untersicht.

Auch der Musikeinsatz wandelte sich im Laufe dieses Prozesses. Die Erkennungsmelodie am Anfang und Schluss der Sendung blieb zwar unverändert. Doch wurde an strategisch wichtigen Punkten zusätzlich ‚reißerische', laute, drängende Musik in der dramaturgischen Funktion der Spannungssteigerung eingesetzt. Ein besonders prägnantes Beispiel dafür findet sich in der letzten Folge, in der sich die Musik hektisch und überlaut in den Vordergrund drängt und das visuelle Geschehen fast erdrückt. Der Stil dieser Musik weckt Assoziationen an einige Durbridge- und Wallace-Krimis, die in den sechziger Jahren als Mehrteiler ausgestrahlt wurden.

Die Kommissare passten sich ebenfalls dem Wandel der Zeit an. Das ursprüngliche Bild der knöchernen und beamtenhaft wirkenden ‚Diensthabenden' wurde abgemildert; die neueren Kommissare verhielten sich etwas flexibler und findiger als ihre Vorgänger. Bei der Rezeption aus heutiger Sicht wirken sie allerdings noch immer außerordentlich bürokratisch.

Auch die Mitarbeiter des Kommissars entwickelten sich weiter, obwohl sie die Hierarchie innerhalb des Polizeiapparats niemals in Zweifel zogen, sie avancierten von reinen Befehlsempfängern zu kompetenten Assistenten. Auffällig ist die Harmonie, die innerhalb des Polizeistabs herrschte; die Atmosphäre mutet zeitweise geradezu familiär an und erinnert an die Familienserien der frühen Fernsehzeit wie „Die Schölermanns" oder „Familie

Hesselbach."[55] Die heute üblichen Teamkonstellationen gab es im frühen „Stahlnetz" noch nicht.

Im Laufe der Jahre steigerte sich das Tempo der Bilder durch schnellere Schnittfolgen und die Zunahme von ‚action'-Elementen. In einer der letzten Folgen wird den Zuschauern im Rahmen der Täterfixierung ein Großaufgebot an Polizeifahrzeugen geboten. Man kann davon ausgehen, dass mit dieser Entwicklung dem Konkurrenzdruck Rechnung getragen wurde, der durch die Etablierung des Zweiten Programms[56] und die zugekaufte Masse an ausländischen, überwiegend amerikanischen Krimiproduktionen entstand. Die zunehmende Schnelligkeit dürfte auch von einem sich steigernden Lebenstempo der Menschen in Westdeutschland herrühren. Ebenfalls parallel zur realen Entwicklung zeigen die Filme technische Neuerungen bei der polizeilichen Ermittlungsarbeit. Alle diese Veränderungen in Bezug auf die dargestellten Polizisten, ihre Arbeit und das Tempo der Inszenierungen verweisen auf eine Anpassung der Reihe an den gesellschaftlichen Wandel in Westdeutschland.

Wie oben bereits erwähnt, nahm insgesamt die Inszenierung von Gewalt und ‚action' zu. (Im Vergleich zum heutigen Standard wurden diese Elemente jedoch sehr zurückhaltend eingesetzt.) Während zu Beginn der Reihe die Polizei noch mit wenig Waffen auskam, wurden zum Schluss spektakuläre Verfolgungsjagden, Schießereien und brennende Fahrzeuge ins Bild gesetzt. ‚Folgerichtig' ging es in den letzten Beiträgen ausschließlich

---

[55] „Die Harmonie-Strategien in den Serien (z. B. *Unsere Nachbarn heute abend: Die Schölermanns, Familie Hesselbach*, aber auch in den amerikanischen Serien wie *Flipper, Fury, Lassie u. a.)* bedienten ein Weltverständnis, wie es in den fünfziger und frühen sechziger Jahren in der Bundesrepublik vorherrschte und sich – vor dem Hintergrund des Kalten Krieges – in der seriellen Versöhnungssehnsucht wiedererkannte." Knuth Hickethier. Die Fernsehserie und das Serielle des Programms. In: Giesenfeld, Günter. Endlose Geschichten. Serialität in den Medien. Hildesheim 1994. S. 60.

[56] Das ZDF begann am 1. April 1963 seinen offiziellen Sendebetrieb. Quelle: Bleicher 1992. Universität-GH-Siegen. S. 32.

um die Aufklärung von Mord, während in frühen, dokumentarisch geprägten Folgen auch Bagatelldelikte Gegenstand polizeilicher Ermittlungen waren. Deren Darstellung sollte sich jedoch nicht durchsetzen; Tötungsdelikte sind traditionell die am häufigsten gezeigten Verbrechen in Fernsehkrimis.[57]

Die positive Darstellung der Polizei wird bis zur Einstellung der Reihe beibehalten, der Appell-Charakter zugunsten der fiktionalen Elemente zurückgenommen. Am Ende seiner Spielzeit unterscheidet sich „Stahlnetz" vom typischen Fernsehkrimi seiner Epoche nur noch durch die zu reinen Attributen herabgestuften Kennzeichen wie Voice-Over und Realitätshinweis im Vorspann, die Authentizität ist lediglich vorgegeben. Die Gegenüberstellung mit dem Remake wird zeigen, inwieweit an die historische Vorlage angeknüpft wurde.

---

[57] Vgl. Uthemann, Christiane. Die Darstellung von Taten, Tätern und Verbrechensopfern im Kriminalfilm des Fernsehens. Essen 1990. S. 87.

3 DAS REMAKE: „STAHLNETZ" HEUTE

Mit der Ursprungsreihe hatte man ein Experiment gewagt und Erfolg gehabt. Das Remake von heute stellt wiederum ein Wagnis dar. Kann das traditionelle Konzept in einer anderen Zeit und einer völlig veränderten Gesellschaft und Medienlandschaft bestehen? Ist heute ein Modell überzeugend, das uns glauben machen will, wir bekämen wahre Fälle zu sehen? Oder wird das Authentizitätsversprechen von den Rezipienten nicht mehr ernstgenommen, sondern lediglich als unterhaltsame Zugabe aufgefasst?

Um eine Basis für die folgenden Einzelanalysen zu gewinnen, fasse ich zunächst formale und inhaltliche Charakteristika zusammen, die sich auf das Gesamtbild der neuen Folgen beziehen und gehe dabei auf Unterschiede und Übereinstimmungen mit der ‚Traditionsreihe' ein. Der Nachweis einzelner Merkmale erfolgt anschließend anhand von Filmbeispielen im Rahmen der Analysen. Da die Reihe nicht isoliert, sondern nur im Rahmen des aktuellen Fernsehkrimi-Panoramas angemessen betrachtet werden kann, führe ich vorab einige Ergebnisse zum Forschungsstand des westdeutschen Fernsehkrimis auf:[58]

Die westdeutsche Fernsehlandschaft weist Krimis der dokumentarischen und fiktionalen Traditionslinie auf. Beide Muster sind durch Realitätsnähe gekennzeichnet, die die Glaubwürdigkeit des Gezeigten unterstreichen soll.

- Krimis werden überwiegend in serieller Form produziert. Brück nennt dies „Serialität als Prinzip".[59] Andere Formen wie Mehrteiler oder Einzelproduktionen treten selten in Erscheinung.

- In den letzten Jahren erfolgte eine Ausdifferenzierung der ErmittlerInnenfiguren. Neben Polizisten gehen Privatdetektive, Anwälte (bei „Ein Fall für zwei" im Team), Polizeipsychologen und Ge-

---

[58] Ich beziehe mich dabei auf die Publikation von Brück, deren Ergebnisse u. a. von Bauer (1992) und Weber (1992) bestätigt werden. Brück 1994. Seiten 13-38.
[59] Ebda., S. 19f.

richtsreporter auf Verbrecherjagd, womit das Spektrum nicht erschöpft ist. Nach wie vor überwiegen jedoch Polizeifilme, in denen aus der Perspektive der Ermittelnden über die Aufklärung ihrer Fälle erzählt wird. Diese „[...] werden zunehmend mit Privatleben ausgestattet"[60] und arbeiten häufig zu zweit oder in größeren Teams. Der Anteil weiblicher Ermittler hat auffallend zugenommen.

- Im überwiegenden Teil der Fernsehkrimis geht es nach wie vor um Mord.
- In den meisten Fällen wird das Whodunit-Prinzip angewandt. Die Spannung wird ebenso wie bei 'inverted stories' „[...] aus dem jeweils noch ungewissen Ende der Geschichte gezogen."[61]
- In der Regel wird weiterhin die Botschaft 'Crime doesn't pay' vermittelt.

Die Neuauflage von „Stahlnetz" startete inmitten dieser Krimilandschaft am 12. September 1999 mit dem Film „Die Zeugin". Seitdem wurden insgesamt vier Folgen gesendet. Der vorerst letzte Beitrag, „Das gläserne Paradies", war am 25. Mai 2001 zu sehen. Die Ausstrahlung des Krimis schließt sonntags um 20.15 Uhr direkt an die Tagesschau an. Durch seine Alternation mit „Tatort" auf diesem Sendeplatz erhält er formal den gleichen hohen Rang wie die Erfolgsproduktion.[62] Der Sonntag-Abend-Krimi der ARD, zum feststehenden Wochenabschluss eines großen Stammpublikums gehörig, wird von keiner Werbepause unterbrochen und damit gegenüber Krimisendungen des Privatfernsehens nochmals aufgewertet.

---

[60] Ebda., S. 23.

[61] Ebda., S. 26

[62] Weber befindet, die „Perpetuierung des Immergleichen, die stereotype Wiederholung der Sendungen im Programm, auf dem gleichen Platz im Sendeschema und die gleiche Länge der Beiträge gewöhnen das Publikum an einen von Fernsehsendungen geprägten Lebensrhythmus." In: Weber 1992. S. 145.

Die folgende Tabelle verschafft eine rasche Übersicht über wichtige Daten.[63]

Basisdaten zur neuen „Stahlnetz"-Reihe

Sende-datum	Titel	Regie	Buch	Musik	Kamera	Zu-schauer (Mio.)	Markt-anteile (%)
12.9.99	Die Zeugin	Thomas Bohn	Jessica Schellack, Kerstin Oesterlein, Dr. Karl-Dietmar Möller-Naß	Hans Franek	Rainer Gutjahr	8,24	27,8
19.9.99	Der Spanner	Thomas Bohn	Jessica Schellack, Beratung: Wolfgang Menge	Hans Franek	Rainer Gutjahr	7,36	23,8
29.4.01	Innere Angelegenheiten	Franz Josef Lauscher	Orkun Ertener/ Franz Josef Lauscher	George Kochbeck	Martin Stingl	6,15	19,2
25.5.01	Das gläserne Paradies	René Heisig	Friedrich Ani	Frank Wulff, Stefan Wulff, Hinrich Dageför	Peter Indergand	6,3	20,3

---

[63] Die angegebenen Zahlen zur Zuschauerbeteiligung stammen von Mouchot, Martina. „Stahlnetz"-Producerin beim NDR. mmouchot@studio-hamburg.de. AW: „Stahlnetz". Persönliche E-Mail. 23. Januar 2002. 23. Januar 2002.

Die Folgen sind mit namhaften Schauspielern besetzt. Suzanne von Borsody übernimmt in der ersten Folge die Rolle der Kommissarin, weiter finden sich in der Liste der Mitwirkenden Ulrike Folkerts, die als Tatort-Kommissarin bekannt wurde, Stefanie Stappenbeck, Hanns Zischler, Michael Mendl und Nadesha Brennicke. Insoweit knüpft man an das traditionelle Konzept an: In den fünfziger und sechziger Jahren wirkten auch heute noch populäre Schauspieler wie Hannelore Elsner, Hellmut Lange, Dirk Dautzenberg und Eddi Arendt mit, um nur einige zu nennen.

In Bezug auf Drehbuch und Regie gibt es eine deutliche Differenz zu den alten Filmen: Damals verfasste Wolfgang Menge sämtliche Bücher, Jürgen Roland führte bei allen Beiträgen Regie. Bei den aktuellen Folgen wechseln, entsprechend der heutigen Konvention, Autoren und Regisseure.[64] Wie in der Tabelle bereits aufgeführt, fungierte Wolfgang Menge bei der neuen Folge „Der Spanner" als Berater der Autorin. Offenbar wollte man auf den Erfahrungsschatz des ursprünglichen Autors nicht verzichten.

Die neuen Folgen haben, entsprechend ihrem Sendeplatz, mit je knapp 90 Minuten durchgängig Spielfilmformat. Auch in dieser Hinsicht unterscheidet sich die neue von der alten Staffel. Die frühen Folgen weisen völlig unterschiedliche Längen von 35 Minuten bis zu fast zwei Stunden auf. Die Ausstrahlung erfolgte in unregelmäßigen Abständen; das ist auch bei der neuen Reihe der Fall. Die ‚Traditionsreihe' verzeichnete anfangs zweimonatige Sendeabstände, zwischen der vorletzten und letzten Folge lagen eineinhalb Jahre.

Wie beim frühen „Stahlnetz" geht es auch heute keineswegs immer um Mord. „Der Spanner" befasst sich mit den Themen ‚Vergewaltigung' und ‚Freigang von Sexualstraftätern', bei „Innere Angelegenheiten" stellt sich zum Schluss heraus, dass ein Selbstmord vorliegt. „Das gläserne Paradies" wiederum hat sich die Problematik rumänischer Kinderbanden zum Thema gemacht. Nur in „Die Zeugin" liegt ein Mord vor, der im Affekt von einem

---

[64] Auf die Gründe werde ich in Kapitel 5 eingehen.

Kind begangen wurde. Damit unterscheidet sich die Reihe vom üblichen Muster.

Die Handlungsorte wechseln, mit ihnen die ErmittlerInnen. Die erste Sendung ist in Lübeck, die zweite in Hamburg angesiedelt. Die beiden weiteren Folgen spielen in Hannover. In Abgrenzung zum Vorgänger handelt es sich demnach ausschließlich um Großstädte im Norden Deutschlands.[65] Zukünftige Folgen sollen allerdings auch in kleineren Ortschaften spielen.[66] In der Vergangenheit war zumeist Hamburg Ausgangspunkt, später bezog man auch kleinere Städte und Orte aus unterschiedlichen Bundesländern mit ein.

Die Tätermilieus der gegenwärtigen Folgen sind sehr unterschiedlich. „Die Zeugin" und „Das gläserne Paradies" finden in sozialen Brennpunkten statt; der Täter in „Der Spanner" stammt aus der gehobenen Mittelschicht, und „Innere Angelegenheiten" gewährt, wie der Titel bereits andeutet, einen Einblick in die Strukturen des Polizeiapparats. Bei Jürgen Roland und Wolfgang Menge stammten die Täter überwiegend aus der unteren Mittelschicht oder Unterschicht.

Obwohl in der zeitgenössischen Reihe zumindest den Opfern, manchmal auch den Tätern, mehr Aufmerksamkeit gewidmet wird als in der frühen Staffel, steht die Polizeiarbeit im Mittelpunkt der Inszenierung. In dieser Hinsicht liegt Stahlnetz im Trend. Wir erfahren viel über die Gedanken und Gefühle der Ermittler, ihr Einsatz ist geradezu aufopfernd. Damit greift „Stahlnetz" auf das tradierte Konzept zurück. Auch damals wurden die Kommissare und ihre Assistenten als Sympathieträger dargestellt, die selbstlos ihren Dienst am Nächsten versahen, wenn auch so gut wie kein

---

[65] Auch in Zukunft werden die „Stahlnetz"-Fälle im Sendegebiet des NDR spielen, und zwar unabhängig davon, wo sich die zugrunde liegenden tatsächlichen Delikte ereignet haben. Zitiert nach Mouchot, Martina. Persönliches Telefongespräch vom 10.01.2002.

[66] Zitiert nach Mouchot, Martina. mmouchot@studio-hamburg.de „Stahlnetz". Persönliche E-Mail. 19. Februar 2002. 24. Februar 2002.

Einblick in ihr Privatleben gewährt wurde. Die Zuschauer erhielten hingegen Aufschluss über den Polizeialltag und die teilweise mühsame Kleinarbeit der Ermittler. Dieser Bereich ist in den aktuellen Folgen nicht mehr stark ausgeprägt.

In der ‚Traditionsreihe' war die Arbeit der Polizei immer erfolgreich. Der jeweilige Kommissar als Repräsentant von Recht und Ordnung stellte am Ende jeder Sendung die durch das Delikt zuvor verletzte Ordnung wieder her; er ‚reparierte' den Defekt einer ansonsten heilen (Film-)Welt und festigte damit das Vertrauen der Bürger in Staat und Polizei. Die Zuschauer konnten nach dem Film beruhigt zu Bett gehen.

Die heutige Sendung macht nicht den Versuch, uns eine heile Welt vorzutäuschen. Auch dann, wenn der Täter oder die Täterin gefasst wird, bleiben viele Fragen offen, bleibt Unsicherheit zurück. Die Polizei kann bestenfalls Einzelerfolge erzielen; die zugrundeliegenden wirtschaftlichen, sozialen und menschlichen Probleme kann sie nicht lösen.[67] Die Welt bleibt auch nach Ende der Ermittlungen so ‚krank', wie sie vorher war. In dieser Hinsicht besteht Übereinstimmung zwischen „Stahlnetz" und vielen anderen aktuellen Kriminalfilmen. Gleichwohl kommt „Stahlnetz" im Unterschied zu vielen ‚Mitbewerbern' mit relativ wenig Waffen, Gewaltdarstellungen und ‚action'-Szenen aus.

Im Gegensatz zum ‚Traditions'-„Stahlnetz" gibt es bei den neuen Folgen auch weibliche Ermittler. Der allgemein zu beobachtenden Entwicklung, Frauen stärker in die filmische Ermittlungsarbeit einzubeziehen, wurde damit Rechnung getragen. Bereits der erste Film wartet mit einer Kommissarin auf, in der dritten Sendung folgt ihr eine Praktikantin respektive Kommissar-Anwärterin. In „Der Spanner" übernimmt der Sachbearbeiter

---

[67] Besonders prägnant ist dieser Eindruck in „Die Zeugin" und „Das gläserne Paradies". Im ersten Fall trägt die kindliche Täterin mehr Opfer- als Täterzüge und hat nach ihrer Überführung eine sehr negative Zukunftsperspektive. Im zweiten Fall sind die eigentlichen Drahtzieher nicht zu überführen und werden mit Sicherheit weiterhin ihren kriminellen Machenschaften nachkommen.

des Landeskriminalamts, Abteilung Sexual- und Sittlichkeitsdelikte, die Rolle des Protagonisten und Ich-Erzählers. Bei der Folge „Das gläserne Paradies" leitet ebenfalls ein männlicher Kommissar die Ermittlungen.

Daraus ergibt sich, dass das ‚Personal' ebenso wechselt wie die Schauplätze. Damit folgt die aktuelle Staffel dem bewährten Prinzip. Auch bei Wolfgang Menge und Jürgen Roland fluktuierte die Belegschaft, allerdings gab es einige Ermittler, die immer wiederkehrten. Die Schauspieler Heinz Engelmann und Hellmut Lange traten mehrmals als Kommissare in Erscheinung.

In Bezug auf das Format von „Stahlnetz" stimmen alt und neu überein. Beide weisen serielle Elemente auf. Gleichwohl ist die Sendung nicht als ‚Serie' zu definieren, denn deren Voraussetzungen des gleichen Handlungsorts und des gleichbleibenden Personals sind nicht erfüllt. Helmut Kreuzer stellt zum Begriff ‚Serie' klar:

> „Die *Kontinuität* mit den vorangegangenen und künftigen Folgen wird durch drei Einheitsmomente erreicht: das gleichbleibende Personal, den beibehaltenen Handlungsort und den einmal gewählten Zeitrahmen (häufig die Gegenwart)."[68]

Auch der Terminus ‚Mehrteiler'[69] trifft nicht den Kern, da ein Mehrteiler „[...] ein abgeschlossener Stoff [ist, C.H.], auf drei bis sechs Folgen [...] aufgeteilt."[70] Der Abbruch eines Teils erfolgt zumeist an einem Spannungshöhepunkt, an dem die nächste Folge wieder anknüpft. Das trifft auf unseren Krimi, dessen Folgen in sich abgeschlossen sind, nicht zu. „Stahlnetz" neu und alt zählen zu den Krimi-Reihen, sind „ Fernsehspiele unter

---

[68] Kreuzer 1982. S. 76.
[69] In den sechziger Jahren waren Krimi-Mehrteiler sehr erfolgreich. Beispiele dafür sind die Durbridge-Klassiker „Das Halstuch" und „Melissa", die eine ganze Fernsehnation vor die Bildschirme holten.
[70] Kreuzer 1982. S. 122.

einem Etikett",[71] gemeinsam ist den Einzelsendungen der systematische Zusammenhang.

Der Vorspann, die Titelmusik und die Stimme aus dem Off als wiederkehrende Elemente kennzeichnen sowohl die frühe und als auch die aktuelle Sendung. Das trifft auch auf den dokumentarischen Ansatz, den Bezug auf tatsächliche Fälle aus den Polizeiakten zu, der bei den alten Folgen allerdings prägnanter ist als bei den neuen.

Im Unterhaltungssektor hat ‚Authentizität' spätestens seit der Etablierung der Privatsender in unserem Land eine neue Attraktivität erlangt: In den Nachmittagsprogrammen werden wir in unzähligen Talkshows mit ‚authentischen' Beziehungskonflikten ‚echter' Menschen konfrontiert, Reality-Soaps imitieren die (triviale) Realität so weitgehend, dass die SchauspielerInnen ihre Texte nicht mehr lernen, sondern spontan formulieren, und Sendungen wie „Big Brother" und „Traumhochzeit" lockten Millionen vor die Bildschirme. Auch bei den derzeit ‚boomenden' Quizsendungen stehen ‚reale' Menschen im Mittelpunkt des Publikumsinteresses. Ob dieses Phänomen Bestand haben oder sich als Modeerscheinung erweisen wird, bleibt abzuwarten. Festzuhalten für das aktuelle Rezeptionsverhalten ist der hohe Stellenwert der Authentizität in der Zuschauergunst. Insofern erfolgt der „Stahlnetz"-Rückgriff auf dieses charakteristische Merkmal der ‚Traditionsreihe' zu einem günstig erscheinenden Zeitpunkt.

Auch mit dem Einsatz der Off-Stimme greift die aktuelle Reihe ein spezifisches Kennzeichen ihrer Vorgängerin auf. Die Tradition des Voice-Over ist jedoch keine Erfindung von „Stahlnetz"; ihre mediale Herkunft hat sie in der Radio-Stimme. Zu Zeiten des Stummfilms lieferten Schrifteinblendungen zusätzliche Informationen. Damit wurden die „visuelle Illusion"[72] der

---

[71] Ebda.
[72] Brinckmann, Christine N. Der voice-over als subjektivierende Erzählstruktur des Film Noir. In: Kloepfer, Rolf. Möller, Karl-Dietmar (Hg.). Narrativität in den Medien. Mannheim, Münster 1986. S. 104.

Zuschauer unterbrochen und „Systemsprünge im Bild (Visionen, Assoziationen, Metaphern)"[73] integriert. Genau genommen knüpft der Voice-Over an die uralte Tradition des Geschichtenerzählens an. Sarah Kozloff nennt "cinematic storytelling [...] one of the [...] most expensive modes of narration; oral storytelling, the most ancient, fundamental, and widely accessible."[74] Das Erzählen in Schriftform schließt sich daran an. Der Film verwendet ursprünglich eine andere narrative Form: Dadurch, dass er Handlung, Gefühle und Perspektiven auf visuellem Weg übermittelt, schafft er eine Imagination, die sich von älteren narrativen Formen durch die Faszination sichtbar gemachter Bilder unterscheidet.

Gleichwohl entdeckte der Film die Erweiterung der erzählerischen Möglichkeiten, die in der Verwendung des Voice-Over liegen. Eine besonders sublimierte Form findet sich im film noir. Er nutzt „die Erzählstruktur ‚Flashback plus Voice-Over'",[75] die wir in allen Folgen der alten und neuen „Stahlnetz"-Reihen wiederfinden. Im film noir sind die

> „[...] Voice-Over-Passagen [...] oft als nüchterne Informationen gefasst, [...] vielfach dienen sie auch nur als strukturierende Gelenke, die über die Zeit- und Aspektsprünge Rechenschaft geben und über Entwicklungen gerafft Bericht erstatten".[76]

Genau diese Funktion nimmt die Off-Stimme bei „Stahlnetz" ein. Wie die Filmanalysen zeigen werden, stellt dieses Gestaltungsmittel eine deutliche Abgrenzung zu den aktuellen Krimikonventionen dar. Diese Diskrimination ist beabsichtigt[77] und wird von weiteren Unterscheidungsmerkmalen

---

[73] Ebda.
[74] Kozloff, Sarah. Invisible Storytellers. Voice-Over Narration in American Fiction Film. Berkeley, Los Angeles 1988. S. 1.
[75] Brinckmann. In: Kloepfer et al. 1986. S. 104.
[76] Ebda., S. 107.
[77] Zitiert nach Mouchot, Martina. mmouchot@studio-hamburg.de. AW: „Stahlnetz". Persönliche E-Mail. 17.Dezember 2001. 18. Dezember 2001.

unterstützt. Dazu gehört auch eine im Verhältnis zu anderen aktuellen Krimiproduktionen relative Langsamkeit der Inszenierung. Bei der ‚Traditionsreihe' ist das durch ein langsameres Lebenstempo der fünfziger und sechziger Jahre erklärbar. Dass auch bei der neuen Staffel die Übermittlung der Story relativ gemächlich abläuft, stellt eine Besonderheit in der Fernsehkrimilandschaft und eine bewusste Abgrenzung[78] zum Gros der Krimireihen dar.

Ein weiteres von der frühen Reihe adaptiertes Spezifikum von „Stahlnetz" liegt in der bereits mehrfach erwähnten Authentizität, dem Basieren der Fälle auf Polizeiakten. Beim historischen Vorbild stand sie in engem Zusammenhang mit der minuziösen Darstellung der oft mühsamen polizeilichen Kleinarbeit, die bei der aktuellen Reihe keine bedeutende Rolle mehr spielt. Mit dem Authentizitätsanspruch ist das Bemühen um einen Realismuseindruck verknüpft, das auch fiktionale Fernsehkrimis kennzeichnet[79]. Bei den frühen „Stahlnetz"-Folgen wurden zu diesem Zweck beispielsweise dokumentarische Aufnahmen ins Spielgeschehen eingeschnitten. In zeitgenössischen Fernsehkrimis einschließlich der neuen „Stahlnetz"-Folgen spielen einzelne Szenen vor der Kulisse bekannter Gebäude und Plätze in Großstädten. Der dadurch entstehende ‚Wiedererkennungseffekt' unterstützt beim Publikum den Eindruck, Zeuge eines realen Geschehens zu sein. Bilder von Wohnstraßen, die sich in allen Städten gleichen, suggerieren eine ähnliche Alltagsnormalität. (An einem solchen Handlungsort findet die Exposition zu „Der Spanner" statt.) Auch klischeehafte „Randfiguren"[80] werden mit dieser Intention eingesetzt. Weber kritisiert, die Realität

---

[78] Zitiert nach Mouchot, Martina. Persönliches Telefongespräch vom 10.01.2002.

[79] Inge Brück erkennt darin eine „dokumentarische Traditionslinie" und stellt fest: „Der dokumentarische Charakter ist also tief in diesem fiktionalen Genre verwurzelt und in unterschiedlichem Maße in den einzelnen Subgenres realisiert." In: Brück 1994. S. 13.

[80] Weber 1991. S. 139.

werde „zeichenhaft [...] rekonstruiert und so verallgemeinert, dass ihr jede Konkretheit verloren [...]"[81] gehe.

Die politische, gesellschaftliche und technologische Welt hat sich seit der Einstellung bis zur Wiederauflage von „Stahlnetz" – ein Zeitraum von über drei Jahrzehnten – radikal gewandelt. Diese Entwicklung spiegelt sich in den neuen Folgen der Reihe wider. Wurden die alten Filme mangels Alternative in Schwarz-Weiß ausgestrahlt, so setzen die heutigen Produzenten ausgefeilte Techniken in Bezug auf Farben, Licht und Kamera ein. Besonders relevant für diese Arbeit sind allerdings die in den Filmen erkennbaren inhaltlichen und gesellschaftlichen Veränderungen wie die völlig gewandelte Darstellung der Polizei und der Geschlechterrollen.

In einer von Individualismus geprägten Gesellschaft ist der Wohlstand zwar insgesamt gewachsen, doch können im Zuge des anhaltend schwachen Wirtschaftswachstums und konstant hoher Arbeitslosenzahlen viele daran nicht partizipieren. Angesichts der Globalisierung lässt die persönliche wirtschaftliche Sicherheit vieler Bürger nach; wirtschaftlich und menschlich stoßen wir immer häufiger auf die negativen Seiten des „flexiblen Kapitalismus".[82] Gleichzeitig wachsen die Ansprüche an die Freizeitangebote und damit auch an das Fernsehen, dessen Verantwortliche unter dem ständigem Zwang stehen, Abwechslung ins Programm zu bringen. Dabei lebt der Fernsehkonsument immer hektischer, während Ehe, Familie und soziale Bindungen zunehmend in Frage gestellt werden. Man kann davon ausgehen, dass unter diesen Lebensbedingungen zumindest bei älteren Fernsehzuschauern ein nostalgisches Bedürfnis nach Bewährtem und Vertrautem (wieder-)erwacht.

Die neue „Stahlnetz"-Reihe muss sich als Produkt des öffentlich-rechtlichen Fernsehens in einer von starker Konkurrenz geprägten Fernseh-

---

[81] Ebda., S. 160.
[82] Begriff zitiert nach Sennett, Richard. Der flexible Mensch. Die Kultur des neuen Kapitalismus. Berlin 2000. Seite 10.

und Freizeitlandschaft behaupten. Wer sich für Fernsehen als Freizeitbeschäftigung entscheidet, verfügt seit Einführung des Privatfernsehens durch die Vielfalt von Programmen über fast unbegrenzte Wahlmöglichkeiten. Der Standard ‚Fernbedienung' begünstigt auch nach einer vorläufigen Entscheidung für eine bestimmte Sendung jederzeit spontane Wechsel durch ‚Zapping', sowie das Angebot nicht gefällt. Ein Blick in jede beliebige Fernsehzeitschrift zeigt, dass die Programmplaner nach wie vor auf die Zugkraft von Krimis bauen.[83]

Aktuelle Krimis werden überwiegend in den Vorabend- und Abendprogrammen parallel von vielen Anbietern und meist in serieller Form ausgestrahlt. Die Sendeanstalten beobachten den Markt genau; über Zeitschienen lässt sich minuziös nachvollziehen, wie viele Millionen Zuschauer zu welchem Zeitpunkt ‚am Ball geblieben' sind. Die Zahlen werden statistisch ausgewertet, so dass ein genaues Bild der Reichweiten und Marktanteile einer Sendung entsteht. Abgerundet werden die Ergebnisse durch ‚Hitlisten', die auch für Krimis existieren. Eine solche Rangliste verzeichnet als Spitzenwert für „Tatort" am 29. Oktober 2000 mit 10,05 Millionen Zuschauern einen Marktanteil von 29,4%.[84] Das ist im Vergleich zu anderen „Tatort"-Sendungen der Jahre 1999, 2000 und 2001 ein auffallend hoher Wert, deren Zuschauerzahlen sich im Rahmen von knapp 7 Millionen bis annähernd 9 Millionen Zuschauern bewegen, wobei vereinzelt Sendungen niedrigere Werte aufweisen.[85] „Polizeiruf 110" erreicht das hohe Niveau nicht ganz: In der Zeit vom 21.11.1999 bis 30.12.2001 liegt der höchste

---

[83] Vgl. S. 1.
[84] Quelle: AGF/GfK-Fernsehpanel (D), pc#tv aktuell, ARD-Werbung SALES & SERVICES. Kiefer, Mathias. Kiefer@ard-werbung.de. Antwort: Fw: Stahlnetz, Tatort, GfK. Persönliche E-Mail. 13. Februar 2002. 13. Februar 2002.
[85] Zum Beispiel „Tatort" vom 23.04.2000 mit 3,57 Millionen Zuschauern und 12,4% Marktanteil. Ebda.

Wert bei 8,21 Millionen Zuschauern und einem Marktanteil von 21,8%, der niedrigste bei 5,51 Millionen und 14,7%.[86]

Es zeigt eine gewisse Risikobereitschaft, in diese Szenerie einen ‚Neuling' zu platzieren,[87] der sich auf einen traditionsträchtigen Vorgänger beruft und womöglich nicht als zeitgemäß rezipiert wird.[88] Andererseits nutzt man damit aktuelle ‚nostalgische' Tendenzen. Aber wie glaubwürdig sind heute das Authentizitätsversprechen und der unterstellte Informationsauftrag? Wirkt die Off-Stimme anachronistisch? Oder sind es gerade diese Attribute, die „Stahlnetz" ein breites Publikum sichern, zumal auch die neue Staffel im Vergleich zur aktuellen Krimi-Konkurrenz Zurückhaltung bei der Gewaltdarstellung übt? Hat der NDR damit eine Marktlücke bei den Zuschauern entdeckt, die mittlerweile angesichts der Brutalität ihrer realen Welt ‚action'- müde (geworden) sind?[89] Eine weitere Fragestellung schließt sich an, die im Vorfeld der Analyse zu klären ist: Ist „Stahlnetz" in Anbetracht seines Realismusanspruchs überhaupt der Gattung ‚Krimi' zuzuordnen? Nach allgemeiner Auffassung gehören Ingredienzien wie das Verbrechen als Auslöser der Handlung, seine Aufklärung in möglichst spannend-unterhaltsamer Form und die personalen Elemente Täter, Opfer und Ermittler zum üblichen Krimi. Diese Bestandteile weist „Stahlnetz" auf. Einige wissenschaftliche Definitionen sollen die Genrezugehörigkeit klären:

Karl Prümm definiert den Fernsehkrimi

„[...] als paradoxes Ineinander von Wirklichkeitscharakter und Konstruktion, Aktualitätszwang und Aktualitätsflucht, Beunru-

---

[86] Vgl. die Zuschauerquoten von „Stahlnetz" S. 19.
[87] Gleichwohl war auch „Tatort" „als Krimiformat [...] stets ein Ort des Experiments" Zitiert nach Wenzel 2000. S. 13.
[88] Die neuen „Stahlnetz"-Folgen erreichen die Werte von „Tatort" und „Polizeiruf" nicht; sie liegen zwischen 6,15 und 8,24 Millionen bzw. 19,2 und 27,8%.
[89] Zur Beantwortung dieser Fragen siehe Kapitel 4.

higung und Harmonisierung; Offenheit und Klischeebestätigung, Logik und Plausibilitätsdefizit."[90]

Er führt ein Schema auf, nach dem das Krimi-Geschehen zumeist abläuft:

„Eine Leiche ist aufgefunden, der Kommissar alarmiert worden. Die Kamera folgt ihm auf dem Weg zum Tatort, erschließt mit ihm die Szenerie [...] Extrem einbezogen in die Spurensicherung ist der Zuschauer, auch er nimmt erste Zuordnungen vor, zieht erste Schlüsse. [...] Es gibt vor dem doppelten voyeurhaften Blick, dem des Fahnders und dem des Zuschauers, kein Geheimnis und dennoch ist alles (wenigstens vorläufig) rätselhaft."[91]

„Stahlnetz" erfüllt diese Voraussetzungen: Der oben zitierte Ablauf des Geschehens lässt sich auch auf andere Delikte als Mord übertragen; die Tat ist in allen Fällen Grundlage der daraus resultierenden Abfolge von der Ermittlungsarbeit bis zum fast sicheren Dingfestmachen des Täters, heute auch: der Täterin. Die Geschäftigkeit, die bei der Spuren- und Tätersuche erwähnt wird, wird bei „Stahlnetz" ebenfalls inszeniert. Der Rätselcharakter wurde bereits festgestellt. Voyeuristische Interessen darf man den Fernsehzuschauern prinzipiell unterstellen. Wie die Analyse zeigen wird, trifft das in besonderem Maße auf die Folge „Der Spanner" zu. Am Ende folgt auch bei „Stahlnetz" „die Fixierung des wirklichen Täters."[92] Eine Ausnahme stellt in dieser Hinsicht nur die vierte Ausstrahlung, „Das gläserne Paradies", dar, bei der die eigentlichen Drahtzieher im Hintergrund nicht dingfest gemacht werden können. Die Polizei muss sich damit zufrieden geben, die kleinen Handlanger festzunehmen.

---

[90] Prümm, Karl. Der Fernsehkrimi – ein Genre der Paradoxien. In: Rundfunk und Fernsehen. 35. Jahrgang 1987/3. S. 349.
[91] Ebda., S. 350.
[92] Ebda.

Es folgen weitere Krimidefinitionen:

> „Kriminalfernsehfilme sind alle diejenigen in der Filmindustrie oder in den Fernsehstudios hergestellten und vom Fernsehen gesendeten Spielfilme, die sich inhaltlich mit der Darstellung der Entstehung und Verfolgung von Verbrechen sowie der Entwicklung und Behandlung von Verbrechen befassen [...]."[93]

Diese sehr weit gefasste Begriffsbestimmung trifft uneingeschränkt auf die vorliegende Reihe und die übrigen aktuellen Fernsehkrimis sowie auf kriminahe Produktionen wie Krimikomödien zu.

Erich Wasem schließlich definiert einen Krimi als

> „[...] ein auf Breitenwirkung angelegtes spannendes Handlungsgeschehen [...], in dessen Mittelpunkt ein relativ aktuelles Verbrechen steht; seine mysteriösen, wirklichkeitsnahen Hintergründe sind zu enträtseln, und zwar mit Hilfe einer möglichst echauffierenden Form". [94]

Nach dieser Definition ist „Stahlnetz" ebenfalls dem Krimi-Genre zuzuordnen. Sendeplatz- und -Zeit sind deutlich auf Breitenwirkung angelegt, die Spannung ist zumindest bedingt vorhanden. Die Taten geschehen in der ‚Jetzt-Zeit'; die Hintergründe (mittlerweile auch manchmal die psychologischer Art) sollen aufgedeckt werden.

Die oben gestellte Frage ist daher eindeutig zu beantworten: „Stahlnetz" ist dem Genre der Krimis zugehörig. Die Tür zur Analyse ist damit geöffnet.

---

[93] Gerhardt, Ulf-Dietmar. Der Kriminalfilm im Fernsehen. Eine systematische Inhaltsanalyse von 50 Kriminalfilmen im ZDF während der Zeit vom 12. August bis 23. Oktober. Diss. Hamburg 1971. Zitiert nach Brück, Inge. Der Fernsehkrimi in Deutschland, Geschichte und Entwicklung eines populären Genres. Halle 1996. S. 7.

[94] Wasem, Erich. Kriminalspiel und Kriminalfilme im Fernsehen. In: Jugend, Film, Fernsehen 1964, 8. Jahrgang, Heft 1. S. 3.

4 FILMANALYSE

Ziel meiner Analyse ist es, unter Berücksichtigung filmästhetischer Gesichtspunkte charakteristische Merkmale der von mir ausgewählten Beispiele festzustellen und dabei Übereinstimmungen und Kontraste mit dem Gesamtbild der aktuellen Fernsehkrimilandschaft herauszuarbeiten.[95] Exemplarisch habe ich dazu die zweite und dritte Folge der neuen „Stahlnetz"-Reihe selektiert, „Der Spanner" und „Innere Angelegenheiten". Dafür gibt es mehrere Gründe. Wie ich noch zeigen werde, fügen sich beide Filme in vieler Hinsicht ins aktuelle ‚Krimischema' ein. (Hinsichtlich des Delikts – in beiden Fällen liegt kein Mord vor – unterscheiden sie sich gleichwohl von der Masse ihrer Mitstreiter.) Darüber hinaus bieten sie Vergleichsmöglichkeiten mit der alten Reihe. Das trifft insbesondere auf die von mir gewählten Analyseschwerpunkte, das Frauenbild und die Darstellung der Polizei und ihrer Arbeit, zu.

Als Träger von Zuschauersympathie und -antipathie transportieren Helden und Antihelden filmische Botschaften auf einem sehr direkten, überwiegend visuellen Weg. Das Publikum nimmt ihre Gefühle, Gestik und Mimik, ihre Sprache und Interaktionen wahr und interpretiert sie im Kontext seines vorfilmischen sozialen und gesellschaftlichen Wissens.[96] Die Darstellung der wichtigsten Personen stellt damit eine geeignete Grundlage dar, um

---

[95] Vgl. die Definition von Hickethier: „Film- und Fernsehanalyse will in der konkreten Untersuchung der Strukturen des einzelnen Produkts charakteristische Merkmale von Film und Fernsehen herausarbeiten, auch neue Erkenntnisse sammeln und neue Dimensionen der filmischen und televisuellen Ästhetik erschließen." Hickethier, Knuth. Film- und Fernsehanalyse. Stuttgart, Weimar 1993. S. 26.

[96] Vgl. Kuchenbuch zu vorfilmischen Strukturen: „Der Film besteht vor allem aus der Möglichkeit, optisch wahrnehmbare Gegenstände abzubilden, die bereits vorher durch den gesellschaftlichen Zusammenhang Bedeutung erlangt haben, Strukturimpulse beinhalten usw. Die Gegenstände werden durch die filmische Operation interpretiert, kombiniert, in einen andern Kontext gebracht und erneut zum ‚Sprechen' gebracht." In: Kuchenbuch, Thomas. Film Analyse. Theorien, Modelle, Kritik. Köln 1978. S. 34.

filmische Muster und Aussagen zu erschließen. Ich werde daher die filmischen Strukturen schwerpunktmäßig über die ProtagonistInnen erarbeiten und dabei weitere Zeichensysteme und filmästhetische Mittel wie Kameraführung, Lichtsetzung und Positionierungen berücksichtigen.

In „Der Spanner" agieren ein weibliches Opfer, ein männlicher Täter und ein männlicher Ermittler. Diese Geschlechterkonstellation ist Gegenstand der Untersuchung des Frauenbildes. „Innere Angelegenheiten" dagegen gibt aus der Perspektive einer Praktikantin Einblick in die Interna eines Polizeireviers. Die Analyse wird zeigen, dass die Intention der frühen Folgen, Vertrauen in die Polizeiarbeit zu schaffen, hier umgekehrt wird.

4.1 „Der Spanner"

4.1.1 Kurzabriss der Handlung und Vorbemerkungen zum Film

Beim zweiten Film der neuen Folgen – gesendet am 19. September 1999 – ermittelt und berichtet die filmische Figur Martin Färber, Hauptkommissar des Landeskriminalamts Hamburg. Aus seiner Perspektive werden die Zuschauer Zeugen der Ermittlungen gegen einen Sexualverbrecher, der im Vorfeld der eigentlichen filmischen Handlung innerhalb von sieben Monaten in der Stadt Hamburg sechs Vergewaltigungen beging, danach zu einer Gefängnisstrafe verurteilt wurde und nach seiner vorzeitigen Entlassung sein erstes Opfer erneut in Angst und Schrecken versetzt. Hier setzt der Plot des Films ein.

Die Exposition beginnt damit, dass ein Mann, im Dunkel der Straße verborgen, in offensichtlicher Erregung eine junge Frau beobachtet, die sich in ihrer hell erleuchteten Wohnung entkleidet. Der ‚Spanner' wird zufällig von einer Polizeistreife entdeckt und überprüft. Danach schaltet sich Färbers Off-Stimme erstmalig ein und informiert uns darüber, dass es sich bei diesem Geschehen um die Vorgeschichte des nun folgenden Dramas handelt. Färber berichtet in ähnlicher Form wie seine Vorgänger in der ‚Traditionsreihe': Er nennt Daten und realistisch erscheinende Details, etwa im Zusammenhang mit seiner Kollegin Claudia Neidhart, deren Dienstrang und Gehaltsstufe er uns mitteilt.

Nach der brutalen Vergewaltigung der Studentin Silke Lachmann und sechs weiterer Frauen ermittelt Färber relativ schnell den Vergewaltiger, einen bieder wirkenden, verheirateten Arzt mit zwei Kindern, namens Wolf Markowski. Er ist identisch mit dem im Vorfeld gezeigten Spanner. Markowski wird zu einer milden Gefängnisstrafe verurteilt. Noch vor Ablauf der Strafe wendet sich Silke Lachmann angstvoll erneut an Färber: Sie gibt an, Markowski in der U-Bahn gesehen zu haben und glaubt, von ihm verfolgt zu werden.

Obwohl sich herausstellt, dass der Täter wegen guter Führung zu Recht auf freiem Fuß ist, geht Färber dem Verdacht nach. Er verstrickt sich zunehmend emotional in den Fall, setzt die Loyalität seiner MitarbeiterInnen aufs Spiel und nimmt in Kauf, dass seine Ehe endgültig zerbricht. Markowski täuscht die Polizei mehrfach, unter anderem während einer über zweiwöchigen Observation rund um die Uhr. Zwei weitere Vergewaltigungen werden begangen, für die Markowski in einem Fall ein Alibi hat und im zweiten Fall nicht zu überführen ist. Als Silke Lachmann, die aus Angst zu einer Freundin gezogen ist, noch einmal in ihre Wohnung zurückkehrt, lauert ihr Markowski dort auf. Färber kann in letzter Sekunde eine erneute Vergewaltigung verhindern und den Täter festnehmen.

Am Ende des Films teilt uns Färbers Off-Stimme den Urteilsspruch mit. Außerdem erfahren wir von ihr, dass er inzwischen von seiner Frau getrennt lebt und eine neue Wohnung sucht. In der letzten Einstellung scheitert sein Versuch, noch einmal mit Silke Lachmann zu sprechen.

Hauptthema des Films ist die Jagd nach dem Vergewaltiger. Obwohl der Film den Titel „Der Spanner" trägt, ist der eigentliche Protagonist nicht der Täter, auch nicht das Opfer, sondern der Polizist Martin Färber. Das verbindet den Film mit dem Gros aller Krimis, die meist aus der Sicht der ErmittlerInnen inszeniert werden. Die Erzählperspektive ist zudem dadurch vorgegeben, dass Färber Inhaber der Off-Stimme ist. Sein Kampf gegen Markowski spitzt sich zu einem regelrechten Duell zu.

Die als Retrospektive angelegte Geschichte wird linear-chronologisch erzählt. Einige Flashbacks wirken nicht als Unterbrechung des Erzählflusses, da sie nicht als komplexe, sondern assoziative Erinnerungsmomente auftauchen. Es gibt drei Hauptblöcke: Die Exposition erzählt die Vorgeschichte; der Plot setzt mit dem Erscheinen Färbers ein. Der Spannungsbogen entwickelt sich nach klassischem Muster, allerdings sehr allmählich, bleibt lange Zeit auf dem gleichen Niveau und findet seinen Höhepunkt kurz vor Schluss, als Färber Silke gerade noch retten kann. Der kurze Schlussteil zeigt den beruflich bestätigten Färber vor dem ‚Scherbenhaufen' seines Privatlebens und entspricht mit seinem Resümee aus dem Off dem traditionellen „Stahlnetz"-Standard. Der Handlungskreis der Geschichte wird sauber geschlossen: Die Ermittlungen beginnen mit einem Paar Handschellen, am Ende überwältigt Färber Markowski und fesselt ihn mit Handschellen an ein Treppengeländer. Sowohl die Exposition als auch das Ende des Films finden in der Dunkelheit einer Wohnstraße statt. Das Drehbuch weist jedoch einen ‚Schönheitsfehler' auf: Die Lösung des Falls wird nicht aus dem Plot entwickelt, sondern resultiert aus einem Zufall, durch den Färber exakt zu dem Zeitpunkt am Tatort erscheint, als Markowski Silke zum zweiten Mal überfällt.

4.1.2 Charakterisierung der Hauptpersonen im Rahmen der Geschlechterrollen

4.1.2.1 Hauptrollen

Hauptmotiv für Färbers selbstschädigendes Engagement ist eine tiefe Betroffenheit über das, was den Opfern der Vergewaltigungen geschieht. Sie treibt ihn bei seinen Ermittlungen an und lässt ihn weit über seine dienstlichen Pflichten hinaus tätig werden. Färber äußert seine Betroffenheit gegenüber seinem Vorgesetzten, seinen KollegInnen, dem psychiatrischen

Gutachter und seiner Frau. Sein Mitgefühl für die missbrauchten Frauen, insbesondere für Silke, kommt auch in seinen Off-Kommentaren zum Ausdruck. Als Silke Lachmann kurz nach ihrer Vergewaltigung zur gynäkologischen Untersuchung gehen muss, bezeichnet er die vorgeschriebenen Ermittlungen als einen *Alptraum für die Opfer*.[97] Der Grad der emotionalen Beteiligung Färbers wird uns durch häufige Groß- und Detailaufnahmen seines Gesichts vermittelt, gelegentlich durch den untermalenden Einsatz von Musik unterstützt. Immer dann, wenn er auf scheinbar verlorenem Posten kämpft, etwa im Disput mit seinen KollegInnen, sehen wir ihn dagegen in der Halbtotalen, innerhalb derer er entsprechend kleiner und einsam erscheint.

Was treibt ihn dazu, seine Ehe und die Loyalität seiner MitarbeiterInnen für die Jagd auf den Vergewaltiger aufs Spiel zu setzen? Gehört er zu den Polizeibeamten, die ihren Dienst über alles stellen? Neben der Betroffenheit ist sein persönlicher Ehrgeiz ein Motor seines Handelns. Gegen alle Widerstände setzt er eine Observation Markowskis durch, die ohne einen konkreten Verdacht normalerweise nicht genehmigt würde. Seine Kollegin Neidhart wirft ihm einmal vor: *Uns steht dein fanatischer Ehrgeiz bis hier!* Er selbst erwähnt ihn indirekt: *Ich wollte Recht behalten.* Sein Ehrgeiz ufert in Verbissenheit aus: Er wird zu einem ‚einsamen Krieger an allen Fronten'. Insofern gibt es eine Parallele zum legendären Columbo, der als „[...] Einzelgänger [...] seine Fälle allein löst."[98]

Dieser Eindruck wird durch die Lichtsetzung verstärkt, wenn Färber an seinem Arbeitsplatz gezeigt wird. Zwar verfügt er über ein großes Büro, doch ist es im Low-Key-Stil ausgeleuchtet. Dadurch entsteht eine fast dunstige

---

[97] Es handelt sich um ein wörtlich protokolliertes Zitat aus dem Film. Auch künftig werden Filmzitate durch kursive Schreibweise gekennzeichnet.
[98] Durzak, Manfred. Kojak, Columbo und deutsche Kollegen. Überlegungen zum Fernseh-Serial. In: Kreuzer, Helmut. Prümm, Karl (Hg.). Fernsehsendungen und ihre Formen. Typologie, Geschichte und Kritik des Programms in der Bundesrepublik Deutschland. Stuttgart 1979. S. 83.

Atmosphäre; abgesehen von Färbers Arbeitsplatz liegt der Raum meist im Halbschatten. Färbers Körpergröße relativiert sich, wenn er in dieser Umgebung an seinem Schreibtisch arbeitet, telefoniert, wartet. Von der Fensterreihe fällt ein beinahe gleißendes Licht auf ihn, das jedoch keine Helligkeit, sondern ein nebelhaftes Fluidum erzeugt. So entsteht der Eindruck, dass er sich in einer schwer durchschaubaren Welt bewegt. Doch er lässt nicht locker, auch nicht nach Abbruch der Observation. Dadurch gelingt es ihm schließlich doch, nach einem Rückschlag Markowski zu überführen und Silke vor einer zweiten Vergewaltigung zu bewahren.

Offen bleibt, ob Färber sich in Silke Lachmann verliebt hat und darin ein weiteres Motiv für seine emotionale Verstrickung liegt. Eine entsprechende Frage seiner Frau verneint er. Zu keiner Gelegenheit macht er einen Annäherungsversuch. Auch der Voice-Over äußert sich nicht dazu. Gleichwohl sucht Färber immer wieder Silkes Nähe, nimmt sich viel Zeit für sie, geht auf ihre Probleme intensiv ein und gibt ihr seine private Telefonnummer – *für Notfälle*. Bei einem Spaziergang setzen sich beide nahe nebeneinander auf eine Bank, im Hintergrund fließt die Elbe; das Motiv mutet fast romantisch an. Nach einer missglückten Observation Markowskis sucht er sie zu Hause auf und führt bei Kerzenschein ein vertrautes Gespräch mit ihr, das erst abgebrochen wird, als man ihn per Handy zu einem neuen Vergewaltigungsfall ruft. Die Szene wird in Parallelmontage mit dem Überfall auf ein weiteres Vergewaltigungsopfer dargestellt, ein einmaliger Vorgang in diesem Film, in dem sich ansonsten die Kamera meist auf konventionelle Arbeit verlässt. Im vorliegenden Fall werden durch die Montage zwei Effekte erzielt: Erstens erkennen die Zuschauer die Erfahrung ihrer Alltagswelt wieder, dass zeitgleich an zwei unterschiedlichen Orten völlig konträre Ereignisse stattfinden können, die gleichwohl einen inneren Zusammenhang besitzen und für einen Menschen (hier für Färber) von immenser Bedeutung sind. Zweitens wird die Spannung der Überfallszene erhöht: Die Zuschauer halten durch den jeweiligen Schnitt zu der von Kerzenschein und Geborgenheit geprägten Szene gleichsam den Atem an, da der Zustand der Ungewissheit verlängert wird.

Doch zurück zur Beziehung zwischen Ermittler und Opfer. Illu Färber fragt ihren Mann einmal, ob Silke hübsch sei. Seine Antwort ist ausweichend. Ein heftiger Ehestreit wird später dadurch ausgelöst, dass Färber beim morgendlichen Nachhausekommen einen Lippenstiftabdruck von Silke auf seiner Wange hat. Doch es scheint keine sexuelle Spannung zwischen Färber und Silke zu geben, wie auch im gesamten Film Liebe niemals thematisiert wird. Selbst eine ‚Knutscherei‘, auf die Illu sich mit ihrem Tanzpartner einlässt, wirkt nicht erotisch. Das Aussparen der Erotik ist im übrigen allen vier bisherigen neuen Folgen gemeinsam, wodurch sich „Stahlnetz" von vielen anderen aktuellen Krimis distanziert.

Färber hat einige Attribute vorzuweisen, die gemeinhin Männern zugeschrieben werden: Er ist groß, kleidet sich sportlich-maskulin und trägt gelegentlich sichtbar eine Waffe oder einen Waffengurt. Auch sein Beruf, die polizeiliche Tätigkeit, wird im Bewusstsein vieler – trotz der mittlerweile häufiger in Erscheinung tretenden Kommissarinnen - noch vorwiegend mit Männlichkeit verknüpft. Sein Verhältnis zu seiner Ehefrau ist von traditionellen Mustern geprägt: Er ist für den Beruf, sie für Haushalt und Kinder zuständig. Insofern passt Färber in ein traditionelles „Genderkonzept",[99] das in unserer Gesellschaft trotz aller Veränderungen Bestand hat. Esther Wenger fasst diesen Begriff zusammen als die „Summe aller Vorstellungen und Erwartungen, die eine Gesellschaft jeweils mit ‚Weiblichkeit' und ‚Männlichkeit' verbindet."[100]

Jedoch ist Färber nicht eindimensional gezeichnet; er verfügt auch über einige Kennzeichen, die von diesem Männlichkeitsschema deutlich abweichen. Brovermann (1972) definiert für das männliche Geschlechtskonzept neben anderen die Merkmale „nicht emotional, aggressiv, dominant, grob, laut, wenig einfühlsam und einsilbig."[101] Färber dagegen zeigt Gefühle,

---

[99] Wenger, Esther. Wie im richtigen Fernsehen. Die Inszenierung der Geschlechter in der Fernsehfiktion. Hamburg 2000. S. 16.
[100] Ebda.
[101] Ebda., S. 17.

vorwiegend das bereits erwähnte Mitgefühl. Er bemüht sich, Silke gegenüber sensibel zu sein (eine Eigenschaft, die ihn allerdings bei seiner Frau verlässt), und seine Stimme ist, insbesondere im Off-Kommentar, und abgesehen von einigen Gefühlsausbrüchen, eher leise. Zudem ist er sehr mitteilsam, auch die Einsilbigkeit gehört demnach nicht zu seinen Eigenschaften.

Die Tatsache, dass er sich weit über das normale Maß hinaus in den Fall verstrickt, lässt jene professionelle Distanz vermissen, die Männern oft zugeschrieben wird.[102] Wenn er an seinem Schreibtisch sitzt, wirkt er nervös. Gelegentlich bricht Jähzorn hervor, beispielsweise, als der Gutachter seine Bemühungen als *kleinen Indianeraufstand* bezeichnet. Anschließend entschuldigt er sich sofort. Eine kleine Marotte, die ihn ‚menschlich' erscheinen lassen soll, hat man ihm auch zugestanden: Er legt im Berufs- und Privatleben Wert darauf, dass man anklopft, ehe man bei ihm eintritt.

Seine eher vielschichtigen Charaktereigenschaften verhelfen ihm jedoch nur beruflich zum Erfolg; sozial erlebt er Niederlagen. Als er zum Schluss die Loyalität der Kollegen verloren hat und vor den Trümmern seiner Ehe steht, fährt er zu Silkes Wohnung, um Champagner mit ihr zu trinken. Doch sie öffnet ihm nicht die Tür, die Belohnung des Opfers bleibt aus. Damit wird er zur Gestalt des Cops im Polizeifilm, die Seeßlen als „Mann, der [...] geradezu durch den Verlust definiert ist, [beschreibt, C.H.]. Er hat Frau und Kinder, Freunde und (soziale) Heimat verloren."[103] Die in der unkonventionell gezeichneten Figur Färbers enthaltene Botschaft an die Zuschauer ist jedoch zweifelhaft, denn als Vertreter wichtiger Tugenden und Gegenbild Markowskis zahlt er einen hohen Preis für sein Verhalten.

Die Person, die Färbers Konflikt auslöst, ist das Opfer Silke Lachmann. Im Voice-Over-Kommentar äußert er zu Beginn des Films über Silke: *Sie war*

---

[102] Ebda.
[103] Seeßlen, Georg. Copland. Geschichte und Mythologie des Polizeifilms. Marburg 1999. S. 30.

eine starke Person. Sehr stark. Aber nicht stark genug für das, was in dieser Nacht seinen Anfang nahm. Diese Aussage bestätigt sich jedoch im Verlauf des Films nicht. Tatsächlich verharrt Silke von Anfang an in einer charakteristischen Opfer-Haltung: Sie zieht sich zurück, zeigt depressive Züge, lässt sich ausschließlich von ihrer Angst leiten und sucht männlichen Schutz bei Färber. Damit verhält sie sich geschlechtsrollentypisch, da

„[...] Frauen [...] gehalten [...] [sind, C.H.], ihre Ziele eher durch defensive, submissive Mittel zu erreichen, (beispielsweise durch Demonstrationen von Unsicherheit und Hilflosigkeit, die andere zu Hilfeleistungen motivieren sollen)."[104]

Die Kamera vermittelt uns vorwiegend ihre Angst: durch schnell aufeinanderfolgende Detailaufnahmen ihrer verkrampften Hände und schreckgeweiteten Augen und durch heftige Kameraschwenks, die suggerieren, dass der Boden unter ihren Füßen schwankend ist. Oft wird sie in der Dunkelheit und Einsamkeit ihres Zimmers gezeigt. In einer Sequenz, in der sie abends zusammengekauert an ihrem Fenster sitzt, wird sie nur schwach von einer Straßenlaterne beleuchtet. Sie wendet den Kopf zur Scheibe, dort erscheint ihr undeutliches, bleiches Spiegelbild. Beklemmung entsteht, als sie sich selbst in die Augen zu sehen scheint. Die Kamera gerät in Bewegung, als sie Markowski dann tatsächlich entdeckt: Rasch alternierend zeigt sie Silkes Gesicht, ihre Augen, ihr Telefon, ihre Beine, die über den Teppich hasten, ihre Hand, die die Tastatur bedient. Diese Technik transportiert die Botschaft über Silkes Erregung an die Zuschauer.

Wirkliche Stärke oder Kampfgeist entwickelt Silke nicht. Ihre Angst schiebt sie schließlich im völlig falschen Moment beiseite: Um ein Formular zu holen, begibt sie sich noch einmal allein, also schutzlos, in ihre Wohnung, obwohl ihre Freundin ihr Begleitung angeboten hat. Dort wartet bereits Markowski auf sie und überfällt sie erneut. Ihr Verhalten lässt sie als sehr naiv erscheinen. Man erlebt Silke während des ganzen Films nicht

---

[104] Wenger 2000. S. 34.

als agierende, sondern nur als reagierende Person. Ihr Aussehen dürfte mit dazu beitragen, dass ihr Appell an Färbers Beschützerinstinkt Erfolg hat. Es entspricht mit großen Augen, vollen Lippen und glatter Haut dem erfolgreichen „Kindchenschema",[105] das die Evolution hervorgebracht hat. Zudem ist sie blond, jung und hübsch. Gleichwohl fehlt es ihr an erotischer Ausstrahlung. Ihre Wunschvorstellungen sind eher realitätsfern und kindlich. Färber gegenüber äußert sie, wenn sie erst einmal *den Richtigen* gefunden habe, wolle sie immer mit ihm zusammen sein.

Kameratechnisch wird Silke uns in ähnlicher Weise wie Färber präsentiert: Immer wieder gibt es Nah- und Detailaufnahmen, was der Konvention der Darstellung wichtiger Personen entspricht. Zur Verdeutlichung ihrer Verlorenheit erscheint sie als klein wirkende Person in der Halbtotale. Die Kamera verlässt sich in der Darstellung von Silke ausschließlich auf bewährte Konzepte, wodurch letztlich die Intensität der filmischen Botschaft leidet. Das führt dazu, dass den Zuschauerinnen trotz des Themas eine Identifizierung schwergemacht wird, zumal ihre Charakterisierung eingleisig ist; sie ist zu ‚blass'. Damit passt ihr Bild in die übliche Opfer-Schablone: „Insgesamt bleibt die Schilderung des Opfers [...] recht farblos, da das Interesse des Kriminalfilms vorwiegend auf den Täter gerichtet ist."[106] So muss sie sich mit Färbers Mitgefühl begnügen, das des weiblichen Publikums erringt sie nicht. Sie fügt sich in ein Muster ein, das bereits 1975 in der Küchenhoff-Studie festgestellt wurde: „Männer handeln – Frauen kommen vor."[107]

Demgegenüber ist der - männliche - Täter, der Arzt Wolf Markowski, eine handelnde Person. Seine Brutalität ist ihm nicht anzusehen, er ist in Bezug auf Körpergröße, Gesicht, Kleidung und Auftreten unauffällig. Christiane

---

[105] Ebda., S. 23.
[106] Uthemann 1990. S. 90.
[107] Zitiert nach Leutheusser, Ulrike. Das Frauenbild in der Moderne. In: Baumann, Heidrun (Hg.) >>Frauen-Bilder<< in den Medien. Zur Rezeption von Geschlechterdifferenzen. Münster 2000. S. 122.

Uthemann hat zusammengefasst, wie Straftäter in Kriminalfilmen dargestellt werden. Sie sind

> „[...] überwiegend männliche [...] Erwachsene mittleren Alters, die einer gehobenen Schicht (obere Mittelschicht/Oberschicht) angehören. Äußerlich unterscheiden sich die dargestellten Täter nicht von ‚Durchschnittsmenschen'. [...] Den dargestellten Tätern werden in der Mehrzahl negative Charaktereigenschaften und Persönlichkeitsmerkmale wie unfreundlich, unsympathisch, rücksichtslos, aggressiv, unfair und egoistisch zugeschrieben."[108]

Auch die durchweg negative Inszenierung Markowskis folgt dem bei Krimisendungen noch immer weit verbreiteten Modell einer Einteilung in ‚gut' und ‚böse' ohne Zwischentöne. Während Färber und Silke als moralisch einwandfreie Personen auf der guten Seite stehen, vertritt Markowski eine dunkle menschliche Seite: die einer entgleisten, brutalen Sexualität.

Trotz seiner gewichtigen Rolle wird er relativ selten ins Bild gesetzt. In der Exposition tritt er als Spanner in Aktion, als er mit Kapuze, aber gut erkennbar in feuchter, von Straßenlampen spärlich aufgehellter Dunkelheit auf der Straße steht und onaniert. Es entsteht ein ‚doppelter Voyeurismus': Die Zuschauer beobachten den Spanner beim Spannen. Als zwei Streifenpolizisten ihn stellen, gibt er vor, er habe *dringend pinkeln* müssen. In dieser für ihn brisanten Situation verhält er sich so geschickt, dass er den Beamten trotz des Sachverhalts keinen ausreichenden Grund für eine Festnahme liefert. Die Kameraführung verdeutlicht, wie er der Polizei ‚entwischt': Markowskis Weggang wird durch die im Vordergrund stehenden, übergroß wirkenden, bewegungslosen Polizistenbeine hindurch gezeigt: die Distanz zwischen den Ordnungshütern und ihm wächst, bis er im Dunkel verschwindet und sich damit dem polizeilichen Zugriff endgültig entzieht. Danach tritt er wieder in Erscheinung, als Silke ihn drei Jahre nach seiner

---

[108] Uthemann 1990. S. 88.

Inhaftierung erschrocken in der U-Bahn wahrnimmt. Minutenlang starrt er sie provozierend an. Eindeutig ist er in der stärkeren Position.[109] Silke sitzt, während Markowski lässig dasteht, die Arme entspannt gekreuzt, ein angedeutetes ironisches Lächeln auf den Lippen. Silkes offensichtliche Angst wird verstärkt, als die Kamera aus ihrer Perspektive eine Detailaufnahme seiner Hände zeigt: An der einen Hand ist sein Ehering erkennbar,[110] der Daumen der anderen Hand gleitet in einer kaum wahrnehmbar streichelnden, unterschwellig aggressiv wirkenden Bewegung sachte hin und her.

Von nun an wird Markowski nur hin und wieder in kurzen Sequenzen gezeigt, beispielsweise in Flashbacks in Schwarz-Weiß, als sich Färber die alten Vernehmungsvideos ansieht. Im Rahmen der Observation erscheint Markowski in seiner Rolle als Familienvater. Diese Bilder, die Harmonie zeigen, tauchen allerdings zu kurz auf, um Sympathie für ihn zu erzeugen. Im Zusammenhang mit Markowski fällt es jedoch auch schwer, negative Gefühle zu entwickeln. Durch seine distanzierte Inszenierung und seine emotionsarme Mimik wird er trotz seiner Kaltblütigkeit nicht als bedrohlich rezipiert.

Wie Christiane Uthemann feststellt, ist es in Krimis üblich, den Hintergrund des Täters oder Gründe seiner kriminellen Entwicklung nicht zu erhellen:

„Mögliche Entstehungsgründe der dargestellten Taten werden nicht aufgezeigt. Kriminalität wird als ein unerklärliches Phänomen, das von außen über die Gesellschaft hereinbricht, dargestellt."[111]

---

[109] Esther Wenger stellt fest: „Visuelle Dominanz kann [...] durch bedrohliches Starren [ausgeübt werden, C.H.]. In: Wenger 2000. S. 43.

[110] Dass der Aggressor einen Trauring trägt, der in unserer Gesellschaft als Symbol für Liebe, Treue und Integration in gesellschaftliche Konventionen gilt, schafft durch die Verknüpfung mit Silkes Bedrohung einen scharfen Kontrast.

[111] Uthemann 1990. S. 86.

„Der Spanner" macht da eine Ausnahme, die aber gleichzeitig neutralisiert wird: Im Rahmen eines Gesprächs zwischen dem Gutachter Markowskis und Färber erfahren wir, wie es aus wissenschaftlicher Sicht zu den Taten kam. Das gewährt einen begrenzten Einblick in die Psyche Markowskis, weckt aber angesichts der Schwere seiner Taten kein Verständnis für ihn. Zudem werden die Aussagen des Gutachters schließlich dadurch widerlegt, dass sich seine positive Prognose als falsch erweist. Derselbe Gutachter bescheinigt Markowski auch, er habe panische Angst vor Frauen. Sie soll dazu beigetragen haben, dass Markowski sich mit Gewalt holte, was er wollte. Einmal äußert er sich anerkennend über ihn: *Der Mann ist hochintelligent.* Diese Eigenschaft trägt auch dazu bei, dass Markowski bei seiner ersten Verurteilung eine milde Strafe erhält; man setzt voraus, dass er sich leicht wieder ins normale Leben eingliedern könne. Tatsächlich verhält es sich umgekehrt, Markowskis Intelligenz verhilft ihm dazu, Polizeiapparat und Gutachter zu täuschen. Einzig Silke und Färber schätzen ihn realistisch ein.

Markowskis Gefährlichkeit wird nie direkt gezeigt. Gewalt wird ohnehin selten ins Bild gesetzt. Man sieht lediglich kurze, häufig assoziative Bilder, in denen der Vergewaltiger maskiert im Dunkeln auftaucht. Das geschieht im Rahmen von Flashbacks, die Silkes oder Färbers Erinnerung oder Vorstellung darstellen. Sein brutales Handeln ist erst an den Spuren der Tat erkennbar, die er an seinem Opfer hinterlassen hat: So werden beispielsweise ein verstörtes, blutverschmiertes Gesicht und beschmutzte und beschädigte Kleidung gezeigt. Allerdings gibt es verbale Äußerungen darüber, welche Gefahr von ihm ausgeht. Der Psychologe erläutert Färber, dass Markowski seine Opfer auch hätte töten können, und Silke ruft Färber gegenüber aus: *Aber er will mich doch umbringen!*

Bessere Eigenschaften als den Männern gesteht man den Frauen in diesem Film zu. Färbers Ehefrau Illu begegnet uns in der tradierten Frauenrolle als fleißige Hausfrau und Mutter, die zudem als Tagesmutter arbeitet. Sie ist ständig mit Hausarbeiten beschäftigt. Während ihr Mann sich von seiner

Arbeit ausruht, näht oder bügelt sie oder kümmert sich um das Essen, die beiden Söhne sind meistens in ihrer Nähe. Früh wird klar, dass sie mit ihrem Mann sehr unzufrieden und nicht mehr bereit ist, die beruflich bedingten Einschränkungen ihrer Ehe hinzunehmen. Sie fordert klar ihre Rechte ein, wobei Färber stets eher ungerührt bleibt. Immer wieder kritisiert sie ihren Mann und schaltet ihm auch einmal den Recorder ab, auf dem er zu Hause die alten Vernehmungsmitschnitte von Markowski ansieht. Im Kontrast zu ihrer wenig modernen Rolle ist ihr Auftreten zeitgemäß. Sie nimmt nicht unwidersprochen hin, was ihr Mann ihr zumutet. Schließlich ist der Konflikt so weit gediehen, dass sie einen Annäherungsversuch abweist, den er eines Abends startet. Nachdem er sie erneut versetzt hat, sucht sie Trost bei ihrem Tanzpartner und wird prompt von ihrem Mann überrascht, der unerwartet früh nach Hause kommt. Mit diesem Verhalten widersetzt sie sich dem Klischee einer alles verzeihenden loyalen Gefährtin.

Färbers Frau ist demnach durchaus differenziert dargestellt, doch ist die schauspielerische Besetzung der Rolle unklug gewählt. Illu wird von Ulrike Folkerts dargestellt, die einem breiten „Tatort"-Publikum seit Jahren als die unerschrockene Kommissarin Lena Odenthal bekannt ist[112] Während des ganzen Films gelingt es nicht, das Bild dieser Polizistin zu verdrängen, zumal die Rollen völlig konträr angelegt sind. Hickethier erklärt zu diesem Phänomen:

> „Schauspieler besitzen auch eine Rollenbiografie, d. h. das Wissen um die Figuren, die sie in anderen Filmen bereits verkörpert haben, kann die Wahrnehmung und Beurteilung ihres Spiels beeinflussen: Der Betrachter sieht im Darsteller dann nicht nur die jeweilige Figur in diesem einzelnen Film, sondern es gehen aus seiner Erinnerung an andere Rollenrealisationen

---

[112] Sabine Holtgreve bezeichnet in ihrem Beitrag „Supergirls. Die Geschichte der TATORT-Kommissarinnen" das Bild von Ulrike Folkerts als „Markenzeichen". In: Wenzel 2000. S. 75.

durch den Schauspieler Momente aus diesen anderen Filmen mit in die Betrachtung ein."[113]

Verstärkt wird der Effekt in einer Szene, in der Illu in einem gelben Tanzkleid erscheint. Ein ‚Traum von Tüll und Rüschen', in dem sie forschen Schritts durch den Raum marschiert, passt nicht zu ihrem Frauentyp, ihr Auftritt wirkt eher lächerlich. Zum Schluss zieht Illu ihre Konsequenzen und trennt sich von Färber. Sie verabschiedet sich als agierende, starke Frau, die ihrem Mann offensichtlich überlegen ist.

Ein ganz anderes Frauenbild treffen wir bei Kriminalhauptmeisterin Claudia Neidhart an. Sie ist für die Opfervernehmung zuständig und tritt schon früh in Aktion. Färbers Off-Stimme stellt sie uns mitsamt Dienstrang und Gehaltsstufe vor, während wir sehen, dass sie Silke nach deren Vergewaltigung vernimmt. Obwohl sie relativ oft in Erscheinung tritt, erhalten wir wenig Einblick in ihre Persönlichkeit. Ihre Darstellung erfolgt zumeist in der Halbtotale, wodurch wir als Zuschauer auf Distanz bleiben. Sieht man sie doch einmal in einer Nahaufnahme, so ist ihre Mimik spärlich; höchstens ein spöttisches Lächeln ist gelegentlich auszumachen, wodurch ihr kühles Wesen verdeutlicht wird. Typisch ‚weibliche' Attribute weist sie kaum auf. Sie ist die einzige wichtige Frau dieses Films, die nicht jung, sondern mittleren Alters ist, kleidet sich elegant-unauffällig und ist von durchschnittlicher Attraktivität. Obwohl es ihre Aufgabe ist, sich um Vergewaltigungsopfer zu kümmern, wirkt sie ihnen gegenüber nicht fürsorglich. Es entsteht der Eindruck, sie erledige ihre Aufgaben nur pflichtgemäß und ohne Anteilnahme, womit sie sich völlig anders als Färber verhält und dem „weiblichen Prinzip"[114] widerspricht, das Frauen unter anderem „die Fusion mit dem anderen [und, C.H.] [...] persönliche Teilnahme am ande-

---

[113] Hickethier 1993. S. 167.
[114] Cornelißen, Waltraud. Klischee oder Leitbild? Geschlechtsspezifische Rezeption von Frauen- und Männerbildern im Fernsehen. Opladen 1994. S. 27.

ren"[115] zuschreibt. Damit gelingt ihr jene professionelle Distanz, die Färber fehlt.

Auch einem anderen weit verbreiteten Klischee wird sie nicht gerecht, nämlich dem der ‚Überfrau', die auf allen Gebieten Höchstleistungen vollbringt. Für Färbers Verhalten hat sie kein Verständnis, zumal er damit seinen MitarbeiterInnen zusätzliche Arbeit verursacht. Ein Beispiel dafür ist eine Szene in der Kantine. Sie wirft ihm vor, die Kollegen seien wütend, dass er sie alle in den Fall hineinziehe. Die anderen müssten seine Arbeit mit erledigen: *Du hängst dich doch da nur so rein, um dich vor dem ganzen Alltagsscheiß zu drücken.* Als Färber äußert, gerade von ihr habe er mehr Unterstützung erwartet, erwidert sie: *Uns steht dein fanatischer Ehrgeiz bis hier. Und damit du's weißt: Wir stehen in diesem Fall nicht hinter dir.* Ihre Einstellung offenbart sich auch, als sie sich während einer Observation Markowskis mit Färber unterhält: *Wenn wir jetzt die Gutachten in Frage stellen, dann kommt eine Lawine auf uns zu.* Es geht ihr nicht um das Schicksal der Betroffenen, zumindest dann nicht, wenn dadurch zusätzliche Arbeit ausgelöst wird. Auffällig ist in diesem Zusammenhang ihr Name, dessen Schreibweise nicht bekannt ist. Die erste Silbe verweist darauf, dass möglicherweise Neid eine ihrer Charaktereigenschaften ist, die zweite Silbe kennzeichnet sie als ‚harte' Person. Es ist davon auszugehen, dass diese Namensgebung kein Zufall ist.

Gleichwohl werden ihr einige spärliche ‚Weiblichkeitsmerkmale' – oder das, was gemeinhin dafür gilt – zugestanden. Als ein Kollege Geburtstag hat, ist sie es, die dafür Geld einsammelt. Während der gemeinsamen Observation Markowskis äußert sie Färber gegenüber: *Ich hoffe nur, dass du dich irrst.* **Der Mann, der gehört zu seiner Familie.** Damit wird impliziert, dass sie trotz allem ein ‚weibliches' Idealbild einer Familie hat, das sie sich nicht nehmen lassen will.

---

[115] Ebda.

Insgesamt kontrastiert Neidhart mit dem femininen Leitbild unserer Gesellschaft, zu dem Esther Wenger feststellt:

> „Das Weiblichkeitsideal der patriarchalen Gesellschaft stilisiert und mythologisiert die Frau als zerbrechliches, kostbares, sanftes und/oder mütterliches Wesen."[116]

Als Sympathieträgerin ist sie jedoch aufgrund ihrer negativen Züge nicht geeignet.

Weitere Personen spielen untergeordnete Rollen, sollen aber zumindest insoweit kurz erwähnt werden, als sie das Gesamtbild der Geschlechterrollen vervollständigen.

4.1.2.2 Nebenrollen

Silkes Freundin, deren Name nicht genannt wird, ist hilfsbereit und verständnisvoll. Sie nimmt Silke in ihre Wohnung auf, wo sie über längere Zeit bleiben kann, und steht ihr emotional bei, indem sie ihr zuhört und auf sie eingeht. Sie kommt selten ins Bild, handelt aber nach dem Prinzip ‚Frauen stehen zusammen'. Auch sie, eine Frau, über deren Privatleben wir nichts erfahren, ist jung und hübsch und hat damit ähnliche Eigenschaften wie die Mehrheit der im Fernsehen gezeigten weiblichen Personen.[117]

Bei einer Identifizierung werden wir mit einer Prostituierten konfrontiert, die vergewaltigt worden ist. Sie wirkt von dem, was ihr zugestoßen ist, nicht sonderlich beeindruckt und tritt kaugummikauend und mit unfeinen Sprüchen in Aktion: *Meine Fresse,* als sie den Täter beschreiben soll: *So 'ne Allerweltsfresse.* Als Zeugin ist sie nicht zu gebrauchen. Sie identifiziert zunächst Färber als ihren angeblichen Peiniger, wird dann unsicher,

---

[116] Wenger 2000. S. 17.
[117] „Die im Fernsehen präsentierte Frau ist uniform jugendlich und attraktiv." Klaus, Elisabeth. Kommunikationswissenschaftliche Geschlechterforschung. Zur Bedeutung der Frauen in den Massenmedien und im Journalismus. Opladen, Wiesbaden 1998. Seite 234.

äußert: *Dann war's die Nr. 3* und auf Nachfrage: *Dann war's die Nr. 7.* Die genannte Szene dient nicht dem Fortgang der Handlung und hat keinerlei dramaturgische Funktion. Anscheinend soll sie lediglich unterhaltsam wirken, betont allerdings die negativen Aspekte in der Gesamtskizzierung weiblicher Charaktere.

Färbers Vorgesetzter Kondermann widerspricht dem gängigen Vorbild, nach dem Polizeichefs grundsätzlich autoritär, verständnislos und inkompetent sind und ihren Mitarbeitern das Leben unnötig schwer machen. Auch er ist als Mittfünfziger eine unauffällige Erscheinung und in Bezug auf die Geschlechterrollen neutral dargestellt. Obwohl er nicht sonderlich engagiert wirkt, zeigt er zumindest gelegentlich Verständnis für die Probleme seiner Mitarbeiter. Als Färber ihm gegenüber die Observierung Markowskis durchsetzt, ist die übliche Positionierung von Vorgesetztem und Weisungsempfänger durchbrochen: Kondermann sitzt, Färber steht und wirkt damit optisch größer als sein Chef. Kondermanns höhere Ansiedlung in der Polizeihierarchie wird wiederum dadurch vermittelt, dass er über ein geräumigeres Zimmer mit mehr Fenstern verfügt. Obwohl es besser ausgeleuchtet ist als Färbers Raum, entsteht auch hier keine Helligkeit, sondern eine eher diffuse, dunstige Atmosphäre.

4.1.2.3 Abschließende Bemerkungen

Insgesamt rückt „Der Spanner" von einigen tradierten geschlechtsspezifischen Stereotypen ab; die Personen werden zumindest ansatzweise differenziert dargestellt. Das betrifft den Protagonisten Färber, der mehr Einfühlungsvermögen zeigt als seine Kollegen der Vergangenheit. Es trifft auch für seine Frau Illu zu, die einerseits als Hausfrau und Mutter einem traditionellen Rollenverständnis entspricht, andererseits mit ‚männlichen' Eigenschaften wie Kampfgeist, Entschlusskraft und konsequentem Handlungsvermögen dem Klischee zuwiderläuft.

Diese Ansätze werden jedoch überlagert von der Darstellung der wichtigsten weiblichen Person, Silke Lachmann, die schon äußerlich dem Protagonistinnen-Klischee gleicht, das im Fernsehen am häufigsten weiterverbreitet wird. Sie gehört zwar als Studentin einer gebildeten Gesellschaftsschicht an, demonstriert aber vorwiegend Hilflosigkeit, Angst und Unsicherheit. So entsteht ein Gesamteindruck von Schutzbedürftigkeit, der traditionelle Geschlechtsrollenstereotypen weitertransportiert. Daran kann auch die Eingangsäußerung Färbers, sie sei eine starke Person, nichts ändern.

Überraschen mag in diesem Zusammenhang, dass eine Frau das Drehbuch geschrieben hat. Es stammt von Jessica Schellack, der Tochter Jürgen Rolands. Wie oben bereits erwähnt, wurde sie allerdings von Wolfgang Menge beraten, der bekanntlich einer wesentlich früheren Generation angehört. Auch die Regieführung oblag einem Mann. Was auch immer die Absicht der „MacherInnen" war, sie bestätigen die Feststellung von Waltraud Cornelißen, die davon ausgeht, „[...] dass Medienproduzenten und –produzentinnen mit ihrer Arbeit oft unreflektiert kollektiv geteilte Männer- und Frauenbilder reproduzieren."[118] Cornelißen vertritt die Ansicht, um „[...] gesellschaftlichen Wandel in Gang zu halten, [...] [sei es, C. H.] wichtig, in der Fernsehunterhaltung auch neue Handlungsmuster und ungewöhnliche soziale Konstellationen zu präsentieren."[119] „Der Spanner" hat Schritte in diese Richtung getan, ist jedoch auf halbem Wege stehengeblieben.

4.1.3 Die Off-Stimme

Der Einsatz des Voice-Over unterscheidet „Stahlnetz" von konventionellen Krimiinszenierungen. Wie ich bereits in Kapitel 3 bemerkt habe, greift die aktuelle Reihe damit auf ein Kennzeichen ihrer Vorgängerin der fünfziger und sechziger Jahre zurück. Damals kommentierte und resümierte in „Stahlnetz" die Off-Stimme in Analogie zu den „frühen Reportagen"[120] der

---

[118] Cornelißen 1994. S. 14.
[119] Ebda.
[120] Heller, Bernd. Fernsehdokumentarismus der offenen Form. In: Heller et al. 1995. S. 86.

gleichen Epoche das bildliche Geschehen. Hier wie dort fand eine „charakteristische Verschmelzung [...], [eine, C.H.] gleichzeitige Präsenz von Gezeigtem und Zeigendem"[121] statt, die auf den dokumentarischen Gestus zugeschnitten war. Das trifft auch auf die Off-Stimme in „Der Spanner" zu. Der Ich-Erzähler Martin Färber schaltet sich nach der Anfangssequenz in die Handlung ein: *Gestatten, dass ich mich vorstelle. Martin Färber, Sachbearbeiter [...], Abteilung Sexual- und Sittlichkeitsdelikte.* Später überbrückt er mit *Drei Jahre später* einen Zeitsprung in der Handlung, der der Haftzeit des Vergewaltigers entspricht.

Funktion und Wirkung des Voice-Over gehen jedoch meist weit über den reinen Informationswert hinaus und verlieren dann ihren nüchternen Anstrich: Seine Äußerungen geben Einblick in Färbers Gedanken, Gefühle und Motive. Durch den Eingriff der Ich-Stimme wird die Spielhandlung zur subjektiven Schilderung aus Färbers Perspektive, erst damit erschließt sich in vollem Umfang seine persönliche Betroffenheit. Auch in anderen Krimis haben die ErmittlerInnen eine die Filmhandlung ordnende Funktion und bestimmen damit die „ästhetische Konstruktion"[122] der Filme. Brinckmann weist darauf hin, dass

> „[...] Filme typischerweise innere Vorgänge nur suggerieren, statt sie zu beschreiben oder direkt darzustellen. Durch den Aufbau von Handlung und Dialogen, durch Blickrichtungen, Mimik und Gestik, durch untermalende Musik, atmosphärische Beleuchtung und nicht zuletzt durch Großaufnahmen wird das Publikum zum emotionalen Verständnis geführt."[123]

Färber jedoch wird von der Kameraführung eher sparsam bedacht und zeigt in den meisten Situationen ein Verhalten, das wenig Rückschlüsse auf sein

---

[121] Ebda.
[122] Zitiert nach Weber 1992, S. 93.
[123] Ebda., S. 110.

psychisches Befinden zulässt. Insofern spielt der Einsatz seines Voice-Over eine wichtige Rolle.

Die Suggestionskraft der begleitenden Ich-Stimme zeigt sich deutlich in einer frühen Szene. Färber nimmt seinen ersten Kontakt mit Silke Lachmann auf, deren Gesicht deutliche Merkmale des soeben geschehenen Überfalls trägt. Während er mit ihr spricht, erklärt seine „körperlose Stimme aus dem Off",[124] was nun folge, sei *ein Alptraum für die Opfer*. Die Kamera begleitet Silke auf dem Weg durch die Gänge des Polizeigebäudes zum Gynäkologen, während Färber seine Erläuterungen fortsetzt. Durch seinen ununterbrochen weitergeführten Kommentar entsteht der Eindruck, Färber sei nicht nur auf dem Weg, sondern auch im Arztzimmer mit anwesend, während die auf dem gynäkologischen Stuhl liegende Silke gezeigt wird. Der Zuschauer wird erneut zum Voyeur, als die Kamera, mit einer Detailaufnahme von Silkes Füßen beginnend, langsam ihre nackten Beine bis zum Pullover hinauf entlang fährt, wo sich ihre Hände während der Untersuchung verkrampfen.

Seit es den Voice-Over gibt, ist er umstritten, weil er in die Illusion der Zuschauer eingreift, ein reales Geschehen wahrzunehmen. Sarah Kozloff stellt in ihrem Resümee zu den Vorurteilen gegenüber dem Off-Kommentar fest: "Prejudice against voice-over for 'telling' crops up over and over in remarks about narration 'restricting' or 'interrupting' the image track."[125] Solche Vorbehalte treffen jedoch, wenn überhaupt, in erster Linie für Kinoerlebnisse zu; angesichts des Fernseh-Dispositivs ist die Kraft der Imagination ohnehin gemindert.

Bei „Stahlnetz" hat der Voice-Over noch eine weitere wichtige Funktion: Er soll der neuen (wie der alten) Staffel einen dokumentarischen Gestus verleihen. Die Wirkung wird jedoch zumindest teilweise dadurch neutralisiert, dass Färber auf diesem Wege auch Einblick in seine persönliche Situ-

---

[124] Brinckmann. In: Kloepfer et al. 1986. S. 106.
[125] Kozloff 1988. S. 16.

ation und Befindlichkeit vermittelt. Wenn er Daten und ‚Fakten' mitteilt (etwa: *Es war der 15. November, 14.41 Uhr* oder *Am Donnerstag, den 26. begannen wir mit der Observation*), entsteht der Eindruck einer Protokollführung oder Reportage. Wie bereits ausgeführt, war das in der frühen Reihe beabsichtigt. Spätestens in der Neuauflage geht der Realismus-Effekt jedoch verloren;[126] der gesamte Film wird als fiktional rezipiert.[127] Daran ändert auch nichts, dass Färbers Ich-Stimme gelegentlich Bemerkungen in seine Moderation einfließen lässt, die den dokumentarischen Eindruck unterstreichen sollen: *Ich bin verheiratet [...] Die Seite eines Kommissars, die man normalerweise nicht im Fernsehen sieht* (was im Übrigen nicht zutrifft; das Privatleben vieler ErmittlerInnen hat inzwischen einen hohen Stellenwert in aktuellen Krimis) oder *So was gibt's nur im wirklichen Leben, nie bei den Krimihelden in der Glotze.* So ist davon auszugehen, dass die aktuelle Reihe vorwiegend aus zwei Gründen mit dem Voice-Over ausgestattet wurde: Als Hommage an die Vorgängerin und als Mittel, sich von der Masse der Konkurrenzkrimis abzuheben, denn: "Adding voice-over narration to a film creates a fascinating dance between pose and actuality, word and image, narration and drama, 'voice' and 'voice'."[128]

Damit wäre allerdings die dokumentarische Intention ins Gegenteil verkehrt worden: Der Voice-Over hätte den fiktionalen Effekt des Films noch verstärkt.

---

[126] Am Rande sei dazu eine Frage erwähnt, die Irmela Schneider aufwirft. Sie stellt zur Diskussion, wer dafür garantiere, dass der Zuschauer eine Informationssendung als ‚realistisch' wahrnehme. „Es gibt manche Indikatoren dafür, dass basale Dichotomien wie die zwischen wirklich und unwirklich in der Mediengesellschaft durchaus fragwürdig werden." In: Schneider, Irmela (Hg.). Amerikanische Einstellung. Deutsches Fernsehen und US-amerikanische Produktionen. Heidelberg 1992. S. 104.

[127] Hierauf gehe ich unter Punkt 4.1.4 ein.

[128] Kozloff 1988. S. 16.

4.1.4 Authentizitätsanspruch und Darstellung der polizeilichen Arbeit

Daran knüpfen die Fragen an, wie die Polizeiarbeit in „Der Spanner" dargestellt und inwieweit diese Darstellung als realistisch rezipiert wird.

In Färbers Büro stapeln sich Berge von Akten, ein Hinweis auf die Arbeitsüberlastung der Polizisten. Wie bereits oben zur Sprache kam, herrschen eher düstere Lichtverhältnisse, wenn er an seinem Schreibtisch gezeigt wird. Die Größe des Raumes und seine Schatten symbolisieren die Einsamkeit der Arbeit. Bestätigt wird dieser Eindruck dadurch, dass Färber zumeist tatsächlich allein ans Werk geht. In relativ wenigen Szenen ist er in Teamarbeit zu sehen. Wenn das doch einmal der Fall ist, wirkt er gleichwohl eher isoliert, zumal die meisten seiner Mitarbeiter gesichts- und namenlos bleiben. Ausnahmen bilden nur sein Vorgesetzter Kondermann, seine Kollegin Claudia Neidhart und ein weiterer Kollege, der jedoch selten in Erscheinung tritt und eine unwesentliche Rolle spielt.

In dieser Hinsicht kontrastiert die neue mit der alten Reihe erheblich. Wie Thomas Weber feststellt, waren die

> „[...] polizeilichen Ermittlungen [...] in Serien wie STAHLNETZ [...] verteilt auf mehrere Funktionsträger innerhalb des Apparates. [...] Die Vielzahl der *kleinen grauen Mäuse*, die diese Maschinerie am laufen hielten, erleichterten dem Zuschauer nicht gerade die Identifikation mit einer abstrakten Mechanik, die nach rein wissenschaftlichen Kriterien zu funktionieren schien. Im Gegenteil, hier wurde ein Prinzip vorgestellt, das unerbittlich unpersönlich war, unbestechlich, scheinbar objektiv und immer siegreich."[129]

Das verweist darauf, dass der Fokus nicht auf die handelnden Personen, sondern auf ihre Tätigkeit gerichtet war. Dadurch entstand der Eindruck

---

[129] Weber 1992. S. 81.

von objektiver Information, der den Wirklichkeitscharakter der Filme unterstützte. „Der Spanner" wurde offensichtlich mit einer anderen Zielsetzung inszeniert. Im Gegensatz zu den Kommissaren der frühen „Stahlnetz"-Reihe wird die Person Martin Färber stark individualisiert dargestellt. Das eröffnet für die Zuschauer größere Identifikationspotenziale, als wenn eine Verteilung der Ermittlungen auf mehrere Funktionsträger erfolgte. Dem Authentizitätsanspruch hingegen dient es nicht, da die Aufmerksamkeit von der polizeilichen Arbeit abgelenkt und auf die persönlichen Probleme des Protagonisten konzentriert wird.

Färber scheint im Übrigen auf Teamwork keinen Wert zu legen. Er grenzt sich von einigen seiner Kollegen ab, indem er sich als nicht typischen Beamten darstellt. Seine Off-Stimme übt Kritik daran, dass ein Kollege nur Dienst nach Vorschrift versieht und ironisiert das *Beamtendeutsch: Eine Vergewaltigung zum Nachteil von Silke Lachmann*. Als er in einer gemeinsamen Besprechung seine Haltung rechtfertigt, ist er wiederum isoliert: Seine KollegInnen werden im Vordergrund gemeinsam am Konferenztisch sitzend mit dem Rücken zur Kamera gezeigt, während er mit gehöriger Distanz zu Mitarbeitern und Zuschauern frontal an der Spitze des Tischs und in der Tiefe des Bildraums als kleine Figur offenbar auf verlorenem Posten steht.

Auch das Verhältnis der KollegInnen untereinander wird nicht harmonisch dargestellt, ein weiterer Kontrast zur ‚Traditionsreihe', in der die Atmosphäre innerhalb des Polizeiapparats stets ungetrübt war. Als der oben von Färber kritisierte Beamte seinen Arbeitsplatz verlässt, um *ein gemütliches Pöstchen in der Verwaltung* einzunehmen, und einen Kollegen zum Ausstand einlädt, antwortet der: *Dass **du** gehst, das muss ja gefeiert werden.* Obwohl Kondermann Silke gegenüber – also nach außen – vorgibt, *wir ziehen hier alle an einem Strang,* ist ein innerer Zusammenhalt zwischen den einzelnen Mitarbeitern nicht erkennbar.

Das Verhältnis zwischen Färber und seinem Vorgesetzten Kondermann weicht von dem recht häufig in aktuellen Krimis angewandten Klischee ab, nach dem die Ermittler sich zusätzlich zu ihren ohnehin erheblichen Belastungen noch gegen einen autoritären, verständnislosen und inkompetenten Chef behaupten müssen. Das Machtgefälle zwischen den beiden wird nicht betont; Kondermann geht sogar entgegen allen üblichen Konventionen auf Färber ein, als dieser Markowskis Observation erreichen will. Die Kamera unterstützt dieses Verhältnis: Meist werden beide in gleicher Höhe positioniert; in dem bereits erwähnten Gespräch über die Observierung steht Färber optisch sogar höher als sein Vorgesetzter. In einer Szene, in der Kondermann Färber die Kosten vorhält, die er mit der Observation verursacht hat, herrscht Färber seinen Chef zudem an: *Dann zieh's mir doch vom Gehalt ab!* Das alles kontrastiert stark mit der Inszenierung der frühen Folgen. Damals gab es eine klare Hierarchie; von den Bediensteten wurde erwartet, dass sie die Anweisungen ihres Chefs unreflektiert ausführten, und das taten sie auch.

Sowohl Färber als auch einzelne seiner Kollegen äußern Kritik an den Arbeitsbedingungen der Polizisten; ein weiteres Novum gegenüber der frühen Reihe. Dadurch entsteht beim Publikum der Eindruck, man erhalte Einblick in die ‚wirklichen' Arbeitsverhältnisse bei der Polizei, zumal damit Klischeevorstellungen über die Bürokratie in öffentlich-rechtlichen Institutionen bestätigt werden. Bei einem Gefühlsausbruch ruft Färber: *Ein Scheißladen ist das, wo der eine nicht weiß, was der andere tut!* Oder er schildert das Dilemma der Polizei, nicht prophylaktisch handeln zu können: *Wir können immer erst eingreifen, wenn was passiert ist.* (In der ‚Ursprungsreihe' wurde das System niemals in Frage gestellt.) Die massivste Kritik äußert er zum Thema ‚Polizeiarbeit kontra Justizvollzug'. Auf dieser Problematik basiert im Übrigen der ganze Film, denn dadurch, dass Markowski mit einer milden Strafe bedacht und zudem vorzeitig aus der Haft entlassen wird, kann er sein Opfer erneut bedrohen.

Polizeiinterne Problematiken werden demnach zwar berührt, jedoch nur in oberflächlicher Form und augenscheinlich mit der Intention, die Widerstände zu verdeutlichen, mit denen Färber zu kämpfen hat. Die ‚Traditionsstaffel' dagegen ist dadurch charakterisiert, dass sie viel Einblick in die oft mühsame Polizeiarbeit gewährt. Weber bezeichnet dieses Konstruktionsprinzip als „Fixierung auf *Realismus* als Leitkategorie."[130] Einzelheiten der Spurensicherung, technische Hilfsmittel (die uns teilweise heute hoffnungslos anachronistisch und dilettantisch erscheinen), Gegenüberstellungen, Vernehmungen von Zeugen und Verdächtigen, aufwändige Kontaktaufnahmen mit anderen Polizeidienststellen und vieles andere gehörten mehr oder weniger zu jeder Folge und sind in den neuen Beiträgen in den Hintergrund getreten.

Zwar gibt es Bilder der Polizisten während ihrer Dienstausübung, und Färber wird häufig gezeigt, wenn er telefoniert oder angerufen wird. Wir sehen ihn auch einmal, als er für eine Gegenüberstellung geschminkt wird. Bei dieser Gelegenheit mahnt sein Vorgesetzter eine Kriminalstatistik bei ihm an, wodurch ein weiterer Hinweis auf die Überlastung der Polizisten durch Verwaltungsarbeit gegeben wird. Doch akribische Einzelheiten wie im frühen Stahlnetz fehlen. Der Aspekt der Spurensicherung wird so gut wie nicht ins Bild gesetzt. Betont wird jedoch immer wieder – und in dieser Hinsicht findet sich eine Parallele zur ‚Traditionsreihe' –, dass der Dienst der Kommissare eigentlich nie zu Ende ist, und dass sie deshalb ständige Konzessionen zu Lasten ihres Privatlebens machen müssen. In den Beiträgen der fünfziger und sechziger Jahre konnten die Polizisten allerdings auf die Loyalität ihrer Ehefrauen bauen, während Färber für seinen ‚selbstlosen' Einsatz von Illu Kritik und schließlich die endgültige Quittung in Form der Trennung erhält.

Hier geht es demnach nicht um die möglichst präzise Darstellung der polizeilichen Arbeit, sondern um die Inszenierung von Färbers persönlichem Problem, für die der Polizeialltag als Kulisse dient. Dadurch wird beim Publikum Verständnis für den Polizisten geweckt – ein Effekt, der uns aus der

---

[130] Weber 1992. S. 52.

historischen Reihe bekannt ist –, der Authentizitätseindruck löst sich dabei jedoch auf. Insofern passt „Der Spanner" exakt in das gängige Muster aktueller Fernsehkrimis: „Von Aufklärung bleibt nichts übrig außer einem Orientierungsmuster im Unterhaltungsschema der Kriminalfilmserien."[131]

4.1.5 Filmmusik und „Stahlnetz"-Motiv

Mit der Reihe der fünfziger und sechziger Jahre untrennbar verbunden ist der Schriftzug „Stahlnetz", der zusammen mit dem musikalischen „Stahlnetz"-Motiv jede Folge eröffnete und beschloss. Diese Kombination kommt einem Signal gleich. Die Ähnlichkeit des musikalischen Motivs mit einer Fanfare diente dazu, die Erwartungshaltung der Zuschauer zu steigern. Wie Hickethier anführt, hat „[...] die Titelmusik [...] oft den Charakter einer spektakelhaften Eröffnung [...], die den Zuschauer emotional in das Geschehen hineinziehen soll."[132]

Im Verlauf der jeweiligen Folge kehrte das Motiv mehrmals wieder und markierte stets eine Zäsur, etwa eine plötzliche neue Erkenntnis im Ermittlungsverlauf oder ein weiteres Verbrechen. Damit hatte es eine richtungsweisende Funktion. Der Erfolg beim Publikum kann vorausgesetzt werden, zumal es weit weniger als das derzeitige von Musik überschwemmt wurde. Heute rezipiert man die Einblendung im Sinne einer eher amüsanten ‚Weisung', Spannung empfinden zu sollen.

Ähnlich wie in den meisten Krimis gibt es im neuen „Stahlnetz" nur wenige Passagen ohne musikalische Untermalung. Der Filmmusik kommt durch ihr Spannungsverhältnis zum Bild eine wesentliche dramatische Funktion zu: Je nach Einsatz und variierender Lautstärke pointiert sie Stimmungen, etwa durch melancholisch-getragene Klavierbegleitung, als Färber einen zärtlichen Annäherungsversuch bei seiner Frau macht. Häufig signalisiert sie nahende Gefahr und verschärft die Spannung. Die Angst des Opfers

---

[131] Weber 1992. S. 41.
[132] Hickethier 1993. S. 99.

wird durch aufpeitschende, überlaut anschwellende Musikbegleitung unterstrichen.

Der Musikeinsatz erfolgt in dramaturgischer Einheit mit der Kameraführung. Musikalische Untermalung erfolgt beispielsweise zu einem Gespräch Färbers mit dem psychiatrischen Gutachter, der sich eine grüne Echse als Haustier hält.

Die Unterhaltung hat ein brisantes Thema zum Inhalt; in ihrem Verlauf erfahren Färber und die Zuschauer Näheres über Markowskis Psyche. Wie viel Gefahr von ihr ausgeht, soll offenbar mit der Fokussierung auf das exotische Urzeittier vermittelt werden: Während Färber und der Gutachter im Hintergrund unscharf gestellt werden, erscheint im Vordergrund überdimensional das scharfe Profil des Tieres. Ihrer Natur entsprechend bewegt sich die Echse wie in Zeitlupe und symbolisiert damit die Unaufhaltsamkeit des Prozesses, der für Silke Lachmann Gefahr heraufbeschwört. Das Auge des Tieres bewegt sich dabei langsam in verschiedene Richtungen.

In dieser Phase setzt eine bedrohlich klingende Musikbegleitung ein. Gleichwohl entfaltet diese Verknüpfung nicht die gewünschte Wirkung, da sie als Konstruktion rezipiert wird. Die Echse taucht ausschließlich in dieser Szene auf und wirkt dadurch wie ein willkürlich hinzugefügtes, isoliertes Moment zur künstlichen Spannungssteigerung.

Film- und Fernsehzuschauer der Gegenwart sind an sehr viel mehr Töne und Geräusche aller Art gewöhnt als die der fünfziger und sechziger Jahre. Ein Film ohne musikalische Dauerbegleitung ist heute kaum noch vorstellbar, zumal dadurch das sinnliche Erleben vertieft wird oder werden soll. Musik als nonverbales Stilmittel erreicht die Rezipienten auf einer ähnlich sensitiven Ebene wie Bilder und ist damit ein unverzichtbarer ästhetischer Teil jeder Filmerfahrung. Karl Prümm definiert Begleitmusik als zu den

Zeichensystemen gehörig und weist darauf hin, dass jedes „[...] der Zeichensysteme [...] zum Bedeutungsträger des Augenblicks werden kann."[133]

Das gilt gleichermaßen für den aktuellen Fernsehkrimi. „Der Spanner" hat das Motiv der ‚Traditionsreihe' übernommen. Gleichwohl spielt sie eine wesentlich geringere Rolle. Zwar taucht auch in den neuen Folgen die typische Melodie gemeinsam mit dem Original-„Stahlnetz"-Schriftzug in der Anfangsphase auf, gefolgt von einer hämmernden Schlagzeugsequenz. Etwa in der Mitte des Films kehrt sie noch einmal wieder, danach jedoch nicht mehr. Damit rückt die neue Folge von der frühen Reihe ab: Damals wurde die „Stahlnetz"-Musik im Verlauf der Filme immer wieder zur Spannungssteigerung eingesetzt und während des Abspanns in voller Länge gespielt. Das nur zweimalige Auftauchen des Motivs in der neuen Staffel erweckt dagegen den Eindruck isolierter Künstlichkeit. Offenbar ist sein Einsatz ausschließlich als Konzession an die Vorgängerin zu sehen. Dazu sei eine Feststellung von Hickethier bemerkt, wonach „[...] Reihentitel [...] in besonderer Weise auf die Wiedererkennbarkeit durch die Zuschauer" setzen.[134]

„Der Spanner" endet mit einer getragenen Klarinettenmelodie in ähnlicher Weise wie viele aktuelle Krimis. Dieser Nachklang ermöglicht den Zuschauern einen sanften Ausstieg aus dem Filmerlebnis und mildert die häufig integrierte Negativbotschaft.

4.1.6 Weitere filmästhetische Mittel und Spannungserzeugung

Nach allgemeiner Auffassung ist Spannung ein wesentlicher Bestandteil jedes Krimis. Im Kontrast dazu steht die Äußerung Thomas Webers, der im Zusammenhang mit dem Krimi-Serial von einem Konzept spricht, das

---

[133] Prümm, Karl. „Suspense", „Happy-End" und tödlicher Augenblick. Überlegungen zur Augenblicksstruktur im Film mit einer Analyse von Michelangelo Antonionis „blow up". In: MuK an der Universität Gesamthochschule Siegen, 10-25, 1981 – 1983. S. 15.
[134] Hickethier 1993. S. 99.

„Spannung auf- statt abbaut".[135] Vorausgesetzt, dass sie in „Der Spanner" existent ist, basiert sie nicht auf dem üblichen Rätselschema, das dem „standardisierten Genre"[136] Kriminalfilm zugrunde liegt. Das ist zum Teil darauf zurückzuführen, dass das bewährte Whodunit-Prinzip nicht angewandt wird. Dadurch, dass das Publikum den Täter von Beginn an kennt, wird die gängige Handlungsabfolge „Mord – Tätersuche – Aufklärung"[137] durchbrochen: Abgesehen davon, dass kein Mord, sondern ein Vergewaltigungsdelikt vorliegt, ist der Täter auch der Polizei sehr schnell bekannt, der Part der Suche damit marginal. Die Aufklärung schließlich wird abgelöst von der Überführung eines Kriminellen, der noch gar nicht wieder straffällig geworden ist.[138]

Hinzu kommt eine recht konventionelle Kameraarbeit, die keine Überraschungen aufweist. Die Kamera zeigt uns überwiegend Bilder in Normalsicht und macht wenig Fahrten, was öfters auch auf Schlüsselszenen zutrifft. Die häufigste Kamerabewegung dieses Films besteht im Zufahren auf zwei Personen aus der Halbtotale heraus, die anschließend im Two-Shot-Verfahren gezeigt werden. Das ist mehrfach der Fall, wenn Färber mit Silke spricht. Die Ober- und Untersicht wird ebenfalls gelegentlich angewandt, beispielsweise in einer Szene, in der Färber seinen Sohn anherrscht: Er erscheint aus der subjektiven Sicht seines Kindes in Untersicht und dadurch groß und bedrohlich. Die Szene ist jedoch dramaturgisch nicht von Bedeutung. Als Färber im Gang einer Klinik auf das letzte Vergewaltigungsopfer wartet, wird seine Figur mehrmals visuell aufgelöst, um an anderer Stelle wieder aufzutauchen. Damit sollen augenscheinlich die Qual

---

[135] Weber 1992. S. 52.
[136] Brück 1994. S. 26.
[137] Prümm 1987. S. 353.
[138] Weber spricht Krimis Spannung grundsätzlich ab: „Die Macht- und Überlegenheitsverhältnisse zwischen Polizei und Kriminalität sind so eindeutig und zuverlässig positiv geregelt, daß Angst sich nicht einstellen kann. [...] Da aber Angst und Spannung gar nicht voneinander zu trennen sind, [...] [macht, C.H.] Wohligkeit [...] den deutschen Polizei-Krimi zum Massengenußmittel." In: Weber 1992, S. 110.

des Wartens und die Verlorenheit Färbers verdeutlicht werden. Doch dieser Einfall wirkt durch seine Isoliertheit wie ein willkürlich eingeführtes Attribut und schafft keine dichte Atmosphäre.

Es bleiben demnach wenige Ansatzpunkte, aus denen sich Spannung erzeugen ließe, zumal ‚Reize' wie Gewaltdarstellungen und blutige Verletzungen zurückhaltend eingesetzt werden. Weitere bewährte Spannungsstimuli wie Verfolgungsjagden kommen nicht vor. Ein für heutige Verhältnisse langsames Erzähltempo wirkt sich zusätzlich spannungshemmend aus. Das Rätsel des Films besteht darin, ob und auf welche Weise Färber Markowski überführen und unschädlich machen kann, bevor dieser erneut zuschlägt. Insofern ordnet sich der Film zumindest partiell wieder ins Krimigenre ein: „Spannung [wird, C.H.] aus dem jeweils noch ungewissen Ende der Geschichte gezogen. Die Gewißheit des gelösten Ausgangs (Hickethier, Lützen) wird in Frage gestellt durch Hindernisse".[139] Diese finden sich allerdings gleich mehrfach, wie oben aufgeführt: Färber, der bereits früh von verbrecherischen Absichten Markowskis ausgeht, stößt bei seiner Verfolgungsjagd überall auf Hürden.

Was also ist überhaupt fesselnd inszeniert? Immer wieder thematisiert wird die Angst der Frauen, die zu Opfern auserkoren wurden. Das sicherlich packendste Beispiel ist eine Sequenz, in der eine junge Frau mitten in der Nacht auf einsamer Landstraße an einer Bushaltestelle wartet. Das kalte Neonlicht des Unterstands taucht die Szenerie in ein gespenstisch-bläulich-dunstiges Licht, die Umgebung liegt in tiefen Schatten. Die junge Frau wirkt in dieser Umgebung völlig vereinsamt. Doch, wie die Zuschauer wissen, ist sie nicht allein: Vorgeschaltet war eine Szene, in der das künftige Opfer in Miniaturformat auf den Bildvordergrund zugeht, in dem, für sie nicht sichtbar, ein überdimensionales Männerbein als Symbol für Bedrohung steht.

---

[139] Brück 1994. S. 26.

Bevor es zu der Tat kommt, wechseln die Kameraeinstellungen rasch von der Frau zu einem Männerabbild auf der Wand des Unterstands. Die Kamera folgt ihrer Blickrichtung auf den Boden und erfasst dort die Spitzen zweier Männerschuhe. Bevor die Frau reagieren kann, überwältigt sie der Mann. Danach erfolgt ein Schnitt; Handlung und Personen wechseln. Wir sehen Färber mit Silke bei Kerzenschein reden. Durch diese Parallelmontage wird die Gleichzeitigkeit der beiden Geschehnisse deutlich, und wir bleiben hinsichtlich des Überfalls zunächst in Ungewissheit. Sie löst sich erst auf, als wir das Opfer nach der – nicht dargestellten – Vergewaltigung bei der ersten Vernehmung wiedersehen.

Im Zusammenhang mit Furcht wird stets der Low-Key-Stil eingesetzt. In den meisten Fällen handelt es sich dabei um die Angst Silkes, wenn sie alleine ist. Mehrfach symbolisiert eine sich heftig hin- und herneigende Kamera den schwankenden Boden, auf dem die Protagonistin sich mühsam aufrechtzuerhalten versucht. Den Vergewaltiger in Aktion sehen wir, stets maskiert, nur in kurzen, assoziativ erscheinenden, rasch aneinandergeschnittenen Einblendungen. Solche Montagen verdeutlichen auch häufig die Gefühle der Opfer, die nicht immer aus konkreten Ereignissen, sondern auch aus Befürchtungen resultieren. In der ‚realen' Gefahrsituation, in der Silke Markowski zum ersten Mal in der U-Bahn wiedersieht, läuft sie vor ihm beim nächsten Haltepunkt davon. Hier wird ihre Angst geschickt verdeutlicht: Gehetzt blickt Silke zurück, während sie die Treppe nach oben hastet, wobei ihr die Kamera im gleichen Tempo nachstellt und damit den Anschein erweckt, dass Markowski sein Opfer jage, ehe sie schließlich allmählich zurückbleibt und Silke aus dem Bild ‚entkommen' lässt.

Die Lichtsetzung, der Eindruck von Bild-‚Fetzen' und eine verfolgende Kamera sind demnach einige der filmästhetischen Möglichkeiten, die in „Der Spanner" genutzt werden. Bei der Inszenierung von Silkes Angst kommt es vor, dass die Kamera allmählich auf sie zufährt, womit ein Nahen der Bedrohung suggeriert wird. Auffallend sind auch die vielen Groß- und Detailaufnahmen, die stets die Emotionen der Hauptakteure verdeutlichen. Meist wechseln in diesem Kontext die Einstellungen sehr rasch, wodurch das Erzähltempo vorübergehend forciert wird. Ein gutes Beispiel ist die bereits erwähnte U-Bahn-Szene, deren Ablauf hier zur Verdeutlichung protokolliert wiedergegeben wird:

Großaufnahme von Silkes Gesicht – Kamera- (= Silkes) Blick auf die soeben geschlossene U-Bahn-Tür – Großaufnahme von Silkes Gesicht – Halbtotale Markowski – Detailaufnahme der sich verkrampfenden Hände von Silke – Detailaufnahme von Silkes sich schließenden und wieder öffnenden Augen – Detailaufnahme ihres hin- und herirrenden Blicks – Großaufnahme des Tätergesichts[140] – übereinandergekreuzte Täterhände mit Ehering; der Daumen seiner anderen Hand bewegt sich in einer angedeuteten Streichelbewegung hin und her.

Diese Szene ist spannend, obwohl vordergründig nicht viel ‚passiert'. 'Action', die Schulz-Buschhaus als „die eigentliche Handlungsebene"[141] bezeichnet, findet nicht vordergründig, sondern im inneren Erleben der Protagonistin statt, an dem wir durch die Kameraführung und die schnellen Schnitte teilhaben. Eine beklemmende Atmosphäre entsteht.

Obwohl vieles aus der Perspektive des Opfers in Szene gesetzt wird, bleibt Färber die Bezugsfigur des Films. Durzak bezeichnet den Polizisten im Krimi als „siegreichen Drachentöter" und „Lichtgestalt".[142] Färber wird in einem ähnlichen Sinne inszeniert, da er ‚selbstlos' sein Privatleben und die Loyalität seiner KollegInnen aufs Spiel setzt, um zum Wohl des Opfers und damit auch der gesamten Gesellschaft den gefährlichen Verbrecher unschädlich zu machen. Durch sein persönliches Scheitern wird er allerdings letztlich zum ‚gebrochenen' Helden.[143]

---

[140] Damit scheint der Täter näher zu rücken; die Bedrohung wächst.
[141] Zitiert nach Prümm 1987. S. 352.
[142] Durzak. In: Kreuzer et al. 1979. S. 76.
[143] Auch die ErmittlerInnen der drei weiteren Folgen weisen Schwächen oder Brüche ihrer Persönlichkeit auf.

Kameratechnisch wird uns Färber überwiegend als starke Figur präsentiert. Ein Beispiel dafür ist die Situation, in der er mit dem Gefängnisdirektor spricht und dabei erfährt, dass Markowski bald ein freier Mann sein wird. Das Zimmer des Mannes, der diese folgenschwere Entscheidung trifft, ist in Bezug auf die Lichtverhältnisse mit den Büros von Färber und Kondermann vergleichbar: Trotz des Lichteinfalls von der Fensterfront her wirkt der Raum eher düster. Die Kontraste jedoch stechen so präzise hervor, dass beinahe ein Schwarz-Weiß-Effekt entsteht, wodurch die Schärfe der Situation visuell verdeutlicht wird.

Färber hat nichts in der Hand, um sein Gegenüber umzustimmen und ist damit in der schwächeren Position. Um sich seiner Kritik zu entziehen, steht der Gefängnisleiter während der Unterredung auf und stellt sich, die Hände in den Taschen, mit dem Rücken zu Färber ans Fenster, während er weiterspricht. Kurz darauf folgt ihm Färber und stellt sich neben ihn. Damit hat er sich wieder auf die gleiche Ebene begeben. Beide blicken zum Fenster hinaus. Färber steht dabei, offenbar durch die Last des Gehörten, leicht gebeugt. Trotzdem hat er die gleiche Größe wie der Gefängnisleiter: Damit stehen zwei ebenbürtige Personen spiegelbildlich nebeneinander. Sie sehen sich jedoch nicht an; eine Chiffre dafür, dass sie aneinander vorbeireden.

Die gleiche Konstellation taucht später während eines Streits mit Illu auf, nachdem Färber morgens mit Lippenstiftspuren im Gesicht von seinem Dienst nach Hause gekommen ist. Illu und ihr Mann stehen in ebendieser Weise nebeneinander am Fenster und schauen hinaus. Ihre innere Distanz wird dadurch deutlich, dass sie jeden Blickkontakt vermeiden. Sie zeigt sich zudem in ihrer unterschiedlichen äußeren Aufmachung: Illu steht noch im Morgenmantel dort, weil sie sich früh morgens um die Kinder gekümmert hat, und erscheint als Sinnbild der umsorgenden Mutter. Färber dagegen trägt vollständige Kleidung und dazu noch seinen Waffengurt. Damit repräsentiert er die männliche Berufswelt der Polizisten. Durch seine Körpergröße wird selbst in dieser schwierigen Lage der Eindruck seiner Überlegenheit erzeugt, obwohl Färber tatsächlich nicht in der stärkeren Position ist.

4.1.7 Schlussbemerkungen

Abschließend stellt sich die Frage nach der Aussage des Films.[144] Wie jeder Fernsehkrimi hat „Der Spanner" Unterhaltungsfunktion. Um sich bruchlos als typischer Krimi lesen zu lassen, fehlen ihm jedoch einige Voraussetzungen. Die von Schulz-Buschhaus definierten drei Ebenen von „action", „analysis" und „mystery"[145] werden kaum genutzt, die Spannung bleibt während des gesamten Verlaufs auf niedrigem Niveau. So muss „Der Spanner" seinen Reiz aus anderen Quellen schöpfen. Bedingt gelingt ihm das.

Das liegt zum Einen daran, dass eine Geschichte unserer realen Gegenwart erzählt wird: die eines Mannes, der seiner beruflichen Aufgabe alles unterordnet und damit zu der großen Zahl der ‚workaholics' zählt, die unser modernes Leben hervorgebracht hat. Die Zuschauer finden damit Vertrautes aus ihrem eigenen Alltag vor. Sein Status als Polizist verleiht Färber einen positiven moralischen Nimbus, der anderen Berufen nicht zugeschrieben wird. Doch damit erschöpft sich bereits seine Besonderheit, denn er ist im Übrigen ein ganz ‚normaler' Mensch und erlebt, was ebenfalls zur Alltagserfahrung Vieler gehört: das Scheitern seiner Ehe. Damit erfüllt die Hauptfigur eine der „programmatischen Forderungen Chandlers",[146] nach denen

---

[144] Weber behauptet allerdings: „Kriminalfilme haben meist keine *Aussage*. Verschiedene Meinungen und Ideologien werden in ihnen zum bloßen Material. Sie sind nahezu immer gekoppelt an bestimmte Figuren, die im jeweiligen Spiel auftauchen. [...] Sie repräsentieren eine Ansammlung von Vorurteilen oder Halbwahrheiten, oberflächlichen Eindrücken und Alltagsbeobachtungen, gemischt mit krausen Normen und Wertvorstellungen." In: Weber 1992. S. 144.
[145] Zitiert nach Prümm 1987. S. 352.
[146] Ebda., S. 353.

in Krimis „‚wirkliche Menschen' [...] in einer ‚wirklichen Welt' glaubwürdig agieren" sollen.[147]

Gerade die Alltäglichkeit in Färbers Scheitern verleiht der Figur eine gewisse Tragik und erweckt unser Mitgefühl. Sympathisch macht den Protagonisten auch, dass er das unschuldige Opfer schützt. Bis fast zum Schluss steht er mit dieser Haltung auf der Verliererseite. Als endgültig alles verloren scheint, erlebt er am Ende doch noch den ersehnten Triumph, der ihn als Polizist bestätigt. Damit wird zumindest zum Schluss noch eine Identifikation mit Färber möglich, weil ihm der heimliche Traum vieler Menschen nach einem großen Durchbruch erfüllt wird.

Am Rande sei noch erwähnt, dass sich der größte Teil der Handlung im Polizeipräsidium oder im Innern anderer Gebäude abspielt. Seeßlen befindet, es sei vielleicht

„[...] kein Wunder, dass der amerikanische Polizeifilm seine Gewalttätigkeiten in den Straßen entwickelt, während der [...] deutsche [...] Polizeifilm sie in der Behörde selbst, in den Verhörzimmern und in den Architekturen der Macht darstellt."[148]

Nach diesen Kriterien ist Färber ein charakteristischer Kommissar deutscher Fernsehkrimis.

Die Justiz und die Macht psychologischer Gutachter werden sehr negativ dargestellt. Man kann davon ausgehen, dass „Der Spanner" damit überwiegend Zustimmung beim Publikum findet: Nicht zuletzt an den Stammtischen wird beklagt, dass Straftäter (insbesondere Sexualstraftäter) zu früh oder überhaupt aus der Haft entlassen werden. Der gesamte Bereich der Psychologie wird ebenfalls negativ geschildert: Der Wissenschaftler wird als realitätsfern und in seiner Diagnose unerschütterlich charakterisiert, und

---

[147] Ebda.
[148] Seeßlen 1999. S.18.

Silkes Psychotherapeut rät ihr, sie möge *sich entspannen und loslassen* und lässt damit den real begründeten Teil ihrer Ängste außer acht.

Der Film weicht insofern von der Norm ab, als er sich vom Thema ‚Mord' löst und ein Vergewaltigungsdelikt behandelt. Wie aufgeführt, greift er jedoch in anderer Hinsicht auf Klischees zurück. Die konventionelle Kameraarbeit und die zeitweise langatmige Erzählweise tragen dazu bei, die Wirkung des Films zu schwächen. Als Ergebnis entsteht ein handwerklich sauber gestalteter Film, der einige interessante Ansätze und eine ungewöhnliche Sichtweise aufweist, insgesamt jedoch hinter seinem thematischen Potenzial zurückbleibt.

„Der Spanner" entlässt uns, ganz im Gegensatz zu den Folgen der frühen „Stahlnetz"-Staffel, nicht mit der beruhigenden Wiederherstellung der zuvor durch die Straftat gestörten gesellschaftlichen Ordnung. Zwar verschwindet der Täter erneut hinter Gittern, doch der sarkastische Kommentar von Färbers Off-Stimme dämpft die Erleichterung, die sich darüber einstellen könnte: *Bis zum nächsten Gutachten, Herr Markowski.* Damit liegt zum Schluss wieder eine Parallele zum Gesamtbild aktueller Krimis vor: Die Zuschauer werden mit dem Unbehagen zurückgelassen, dass die Ordnung, in der sie leben, brüchig geworden ist und es keine endgültige Sicherheit (mehr) gibt.

4.2 „Innere Angelegenheiten"

Die junge Praktikantin Sandra Bienek tritt in einer Polizeidienststelle in Hannover hochmotiviert ihren Dienst an. Da sie ihre Freundin und künftige Kollegin Sabine Riemann bewundert, hat sie sich deren Arbeitsstelle als Praktikumsplatz ausgesucht. Sandras freudigen Erwartungen werden jedoch bereits am ersten Arbeitstag enttäuscht: Zunächst erfährt sie, dass Sabine tot ist; sie soll wegen einer Krebserkrankung Selbstmord begangen haben. Dann stellt sich heraus, dass sie sich eine frauenfeindliche Umgebung als Arbeitsplatz ausgesucht hat. Später zeigt sich zudem, dass es ihre

Kollegen mit eigenen kleineren Delikten nicht so genau nehmen und sich bei ihren illegalen Handlungen gegenseitig decken.

Da Sandra nicht an einen Selbstmord Sabines glaubt, ermittelt sie auf eigene Faust und stößt auf einige Ungereimtheiten in Zusammenhang mit Sandras Ausbildungsleiter Stefan Lanz, der seinen beruflichen Status ständig dazu ausnutzt, sie zu gängeln. Nachdem ihr Freund Roman sich von ihr getrennt hat, lässt sie sich auf eine Affäre mit ihrem verheirateten Kollegen Achim Quandt ein, den die Zuschauer in der Exposition bereits als Sabines Liebhaber kennengelernt haben. Sandra findet schließlich zusammen mit Sabines Schwester ein bisher unentdeckt gebliebenes Projektil und setzt damit eine neue offizielle Ermittlung in Gang. Als sie schließlich feststellt, dass die Kugel aus Quandts Waffe stammt, stellt sie ihn zur Rede und gerät dabei in Gefahr, weil er ihre Aussage verhindern will. Die Auflösung dieser brisanten Situation erfolgt durch ihre Kollegin Monika Bauer, die einzige Person, die Sandra während ihres Praktikums unterstützt hat. Quandt, der Zeuge von Sabines Selbstmord war und aus eigennützigen Motiven die Spuren manipuliert hat, wird festgenommen und bestraft, Sandra hält trotz ihrer Erfahrungen an ihrer Berufswahl ‚Polizistin' fest.

Der Film ist formal ähnlich aufgebaut wie der überwiegende Teil der aktuellen seriellen Fernsehkrimis und die zuvor analysierte „Stahlnetz"-Folge. In der Exposition wird die Vorgeschichte dargestellt, die Sandra zunächst nicht kennt, aber im Verlauf des Hauptteils nach und nach aufdeckt. Der Plot enthält zwei parallel verlaufende und ineinandergreifende Themenstränge, die Aufklärung des Todesfalls und Sandras Selbstbehauptung in ihrer Dienststelle. Der Spannungsbogen steigt zum Schluss deutlich an und löst sich in einem recht kurzen Schlussteil auf.[149] Es gibt im gesamten Ver-

---

[149] Damit entspricht sein Verlauf exakt einem Schema, das Karl Prümm für den schriftlichen wie filmischen Krimi-Erzählprozess wie folgt skizziert hat: „ Beide Medien [...] sind final ausgerichtet, eine Dynamik zum Ende hin ist kennzeichnend." Prümm. In: Pestalozzi 1986. Seite 369.

lauf nur einen kurzen Flashback, die Erzählweise ist durchgängig chronologisch-linear.[150]

Der Film beginnt mit einer langen Einstellung (25 Sekunden), die in der Totale einen einsamen See bei melancholischer Herbststimmung zeigt. In der Bildmitte befindet sich ein Bootssteg, auf dem eine miniaturhaft wirkende Person steht. Durch ihre Winzigkeit und die sie offensichtlich umgebende Einsamkeit wirkt sie isoliert und verletzlich. Die nächste Einstellung präsentiert sie uns in Halbnah-Position von vorn: eine junge Frau. Wie wir später erfahren werden, handelt es sich um Sabine, die sehnsüchtig auf ihren Geliebten wartet.

Der Voice-Over setzt wie bei „Der Spanner" nach der Exposition ein. Der Wissensstand von Sandra als Inhaberin der Off-Stimme ist geringer als der des Publikums, da sie nichts über die Geschehnisse in Sabines Todesnacht weiß. Die Zuschauer jedoch waren Zeugen der Vorgeschichte, allerdings nicht der Tat selbst. Insofern liegt trotz der Hinweise auf den Täter ein Whodunit-Krimi vor, zumal im Verlauf der Handlung mit Stefan Lanz ein zweiter Verdächtiger ins Spiel kommt. Die Zuschauer sind im Gegensatz zu Sandra sowohl darüber im Bilde, dass Quandt Sabines Liebhaber war, als auch darüber, dass er sie vor ihrem Tod besucht hat und sie Streit miteinander hatten.

Das letzte Bild in diesem Zusammenhang zeigt eine im Bildvordergrund liegende Dienstwaffe, auf die aus dem Hintergrund zwei Beine in Polizeihosen zukommen. Im Bildhintergrund ist schemenhaft das Motorrad Quandts zu erkennen, was nahe legt, dass er die betreffende Person ist. Die Beine gehen schließlich im Bildvordergrund in die Knie – auch jetzt bleibt der übrige Körper unsichtbar – , eine Männerhand ergreift die Waffe und nimmt sie weg. Diese Szene hat etwas Beklemmendes an sich; die auf die

---

[150] Diese von Prümm für Krimis festgestellte typische Erzählweise gilt meines Erachtens auch im Jahr 2001 für die meisten Produktionen weiter. Vgl. Prümm 1987. S. 353.

Zuschauer und die Waffe zugleich zukommenden ‚anonymen' uniformierten Beine erzeugen eine bedrohliche Atmosphäre, weil sie keiner Person zuzuordnen sind. Kurz vor Schluss des Films wird dieses Bild in einer kurzen Retrospektive noch einmal gezeigt. Nun verifiziert sich die Annahme, dass Quandt die handelnde Person war. Täter ist er jedoch nur in moralischer Hinsicht, ein Mörder ist er nicht. Er war Sabines Geliebter und wollte sie verlassen; aus Verzweiflung brachte sie sich in seiner Gegenwart um.

Nach der erwähnten Einstellung erfolgt ein Schnitt; parallel dazu setzt – das einzige Mal im ganzen Film – das musikalische „Stahlnetz"-Motiv ein, das über die nächste Einstellung hinweg erklingt. Diese präsentiert den gleichen Handlungsort. Durch dessen Beibehaltung, verstärkt durch das verbindende musikalische Element, gewinnt man den Eindruck einer bruchlosen Fortsetzung des Geschehens. Erst die Erweiterung des Blickfeldes auf eine Totale macht deutlich, dass ein Zeitsprung stattgefunden hat: Die Spurensicherung ist, offenbar einen Tag später, auf dem Grundstück beschäftigt, auf dem Sabine starb.

Dieser Informationsstand des Publikums bleibt konstant bis zum Schlussteil erhalten. Die Zuschauer können während des Films nur mutmaßen, Quandt habe Sabine getötet. Wissen können sie es nicht. Dass er als Sympathieträger ausgestattet ist, trägt bei der Rezeption dazu bei, an seiner Täterschaft zu zweifeln.

Der Schwerpunkt der Fabel liegt jedoch an anderer Stelle. Die Aufklärung von Sabines Tod stellt nicht den einzigen Handlungsstrang dar, sie scheint eher nebenbei abzulaufen. Im Vordergrund steht Sandras interner Kampf um Anerkennung und Integration in ihrer von interner Korruption und Delinquenz geprägten Dienststelle.

Ihr persönlicher Weg wird jedoch etappenweise immer wieder vom Rätsel um Sabines Tod berührt. Das ist der Fall, als Sandra mit Sabines Schwester spricht und von ihr Informationen erhält, die ihren vagen Anfangsverdacht am Leben erhalten, oder, als am Tatort ein Zigarillostummel gefunden wird, der ihren Kollegen Lanz zu belasten scheint. Erst in der zweiten

Filmhälfte wird Sandra zur aktiven Ermittlerin. Sie sucht Sabines Arzt auf und findet schließlich am Tatort das entscheidende Beweismittel, die Kugel, die aus Quandts Waffe stammt.

Folgerichtig resultiert die Spannung in diesem Film nicht aus der gewohnten Folge Verbrechen – Tätersuche – Aufklärung,[151] sondern aus dem Mitgefühl für Sandra in ihrer schwierigen Situation. Das traditionelle Miträtseln erhält einen anderen Akzent. Es bezieht sich auf die Frage, ob sie es schaffen kann, sich über alle Hindernisse hinweg durchzusetzen.

4.2.1   Die Darstellung von Frauen und Männern

Damit hat die dritte Folge der neuen Staffel einen völlig anderen Ansatz als „Der Spanner". „Innere Angelegenheiten" ist mit mehr Sympathie für Frauen inszeniert. Folgerichtig ist die Hauptperson eine Frau. Dadurch, dass das Geschehen über Sandra Bienek vermittelt wird, entsteht beim Zuschauen die bewusste oder unbewusste Erwartung, die Geschichte aus weiblicher Perspektive zu erfahren. Damit löst sich der Film von einer langen filmischen Tradition, von der Ruth Seifert sagt:

> „Der klassische Film zeichnet sich dadurch aus, dass die Handlung aus der Sicht des männlichen Protagonisten wahrgenommen und durch ihn und seine Handlungen strukturiert wird: Männer schauen aktiv, Frauen werden angeschaut."[152]

Hier hingegen treibt eine Frau die Handlung voran, setzt die Akzente, beleuchtet das Verhalten der anderen Protagonisten und moderiert zudem das Gesamtgeschehen mit ihrer Off-Stimme. Dadurch gestaltet sich die Story

---

[151] Abgewandelt nach Karl Prümms Formulierung „Mord – Tätersuche – Aufklärung". In Prümm 1987. S. 353.
[152] Seifert, Ruth. Machtvolle Blicke. Genderkonstruktion und Film. In: Mühlen Achs, Gitta. Schorb, Bernd (Hg.). Geschlecht und Medien. München 1995. S. 50.

völlig anders, als wenn an Sandras Stelle eine männliche Hauptfigur eingesetzt worden wäre.[153]

Der Voice-Over wird zurückhaltender eingesetzt als in „Der Spanner". Erstmalig hören wir den Kommentar aus dem Off, als Sandra nach der Exposition auftritt. Während sie sich auf ihren ersten Arbeitstag vorbereitet, kommentiert sie in erwartungsvollem Tonfall: *18 Monate Führungs- und Einsatzlehre. 18 Monate Recht, Kriminalistik, Sozialwissenschaften. 18 Monate Warten. Jetzt war er da, mein großer Tag. Dachte ich jedenfalls. Angst hatte ich kaum. Sabine hatte ja versprochen, mich ein bisschen an die Hand zu nehmen.* Während dieser hoffnungsvollen Worte lächelt sie sich siegesgewiss im Spiegel zu. Der Voice-Over dient dazu, die innere Befindlichkeit der Protagonistin zu vermitteln und die Zuschauer rasch über Zusammenhänge zu informieren: Wir erfahren, dass Sandra keine Angst hat, welche Ausbildung hinter ihr liegt, dass sie an eben diesem Tag ihre praktische Tätigkeit aufnehmen wird und ihre Freundin Sabine ihr als künftige Kollegin zur Seite stehen will. Das alles über Bilder oder Dialoge zu transportieren, wäre komplizierter und zeitaufwändiger gewesen. Mit der Erwähnung Sabines erfolgt zudem bereits ein erster Hinweis auf den kommenden Konflikt. (Sandra weiß im Gegensatz zum Publikum noch nicht, dass Sabine bereits tot ist.) Eine weitere Vorausdeutung auf das Filmthema ‚Frauen bei der Polizei' liegt implizit darin, dass Sandra auf Sabines Kompetenz und Unterstützung baut.

Die Off-Stimme meldet sich erneut, nachdem Sandra von Sabines Tod erfahren hat: *Tot – wer sollte das glauben. Ich dachte, sie kommt gleich rein*

---

[153] Ruth Seifert zitiert Laura Mulvey, die in den 70er Jahren als „strukturierendes Element des klassischen Kinos [...] den männlichen Blick [identifizierte, C. H.], der in dreifacher Hinsicht dominiert: Erstens als Blick der Kamera, die meist von einem Mann geführt wird und das Sehen von einem männlichen Subjekt her konstruiert. Zweitens als Blick der Männer in der Filmhandlung, der Männer zu Subjekten und Frauen zu Objekten des Blicks macht. Und drittens der Blick des männlichen Zuschauers, der den Blick der Kamera und der Erzählung bestätigt und reproduziert." Ebda.

und dann legen wir los. Sandra bewegt sich zu diesen Worten durch das Polizeigebäude, setzt wie ein Automat Fuß vor Fuß. Inhalt und Tonfall des Kommentars verstärken durch die Verknüpfung mit diesen Bildern den Eindruck, dass die Protagonistin unter Schock steht. Für die Zuschauer entsteht ein Wiedererkennungseffekt; nach einer schlimmen Nachricht eine Zeitlang wie ferngesteuert seine Alltagsverrichtungen fortzusetzen, bis man die Tragweite der Mitteilung ermessen kann, gehört zur realen Lebenserfahrung vieler.

Der Voice-Over wird noch einmal eingesetzt, um Sandras Zweifel an Sabines Tod zu begründen. Nach ihrem ersten niederschmetternden Arbeitstag liegt Sandra in ihrer Wohnung auf der Couch und betrachtet traurig ein gerahmtes Bild, das sie mit Sabine zeigt. Aus dem Off erklingen ihre Gedanken: *Sabine war der einzige Mensch, dem ich außer meinem Vater wirklich vertraute. Ich fand's toll, wie sie Misserfolge wegsteckte. Sie sah in allem etwas Positives. Und da sollte sie sich umbringen?* Es zeichnet sich ab, was oben bereits erwähnt wurde und durch den weiteren Filmverlauf bestätigt werden wird: Sandras Off-Stimme hat in erster Linie die Funktion, ihre Gefühle zu verdeutlichen.

Nachdem Sandra sich darauf eingelassen hat, ein Delikt ihres Kollegen Horst mitzudecken, meldet sich die Stimme aus dem Off erneut, und zwar in einem matten Tonfall: *Das war die Grenze zur Ungesetzlichkeit. Quandt hatte mich hinübergeführt, so ganz nebenbei. Und einen Moment wusste ich nicht, was ich tun sollte.* Dieses Verhalten stellt eine Zäsur in Sandras Werdegang dar und offenbart zugleich eine menschliche Schwäche der bis dahin so geradlinig charakterisierten jungen Frau. Aufgrund ihrer Einsamkeit und Sympathie für Quandt lässt sie sich in die polizeiinternen Manipulationen verstricken, die sie bisher verachtet hat. Wie wir am Schluss erfahren werden, muss sie dafür bezahlen, wenn auch keinen hohen Preis: Sie erhält eine Rüge, und ihre planmäßige Beförderung wird aufgeschoben. Kurzfristig jedoch hat sie durch ihr rechtswidriges Verhalten Vorteile, sie bewahrt sich Quandts Zuwendung und wird von nun an in den Kollegenkreis integriert. Die Anfeindungen haben ein Ende.

Die zwanzigjährige Sandra Bienek ist intelligent und ehrgeizig, dabei hübsch[154] und mit ausgeprägten weiblichen Formen versehen. Wenn sie Uniform trägt und dabei ihre lange Haarmähne unter dem Helm herausschaut,[155] verkörpert sie zugleich Durchsetzungsvermögen und Femininität. Damit entspricht sie einem Anspruch an erfolgreiche Frauen, den die Präsidentin des Bundesverfassungsgerichts, Jutta Limbach, formuliert hat. Sie sollen „[...] tough and tender – zäh und zärtlich – und mit Verstand und Courage bewaffnet" [156] sein.

Mit Sandra wird uns eine Protagonistin präsentiert, die in mancher Hinsicht einem aktuellen weiblichen Rollenverständnis entspricht. Ihr Beruf hat in ihrem Lebensplan einen hohen Stellenwert. Im Gespräch mit ihrem Vater zeigt sie sich munter-frech. Ihre Selbständigkeit demonstriert sie ihm, indem sie mit dem Fahrrad zum Dienst fährt und sein Angebot ablehnt, in seinem Auto mitzufahren. Gefühl zeigt sie erstmals, als ihr Vater ihr seine eigene alte Auszeichnung schenkt: Sie ist gerührt.

Im Gegensatz zu dem bereits berufserfahrenen und in seinem Status gesicherten Färber steht Sandra Bienek ganz am Anfang ihrer polizeilichen Laufbahn. Sie hat eine qualifizierte Ausbildung absolviert und wird nach erfolgreichem Abschluss ihres Praktikums Kommissarin sein. Damit strebt sie eine gehobene berufliche Position an und tritt in die Fußstapfen ihres Vaters, der offenbar ein verdienter hoher Polizeibeamter ist. Außerdem hat

---

[154] „Überdurchschnittlich wohlhabend, jung oder charmant, dem dominanten Schönheitsideal entsprechend sind die Eigenschaftssets der Hauptdarstellerinnen." Zitiert nach Prugger, Prisca. Wiederholung, Variation, Alltagsnähe. Zur Attraktivität der Sozialserie. In: Giesenfeld 1994. S.99.

[155] Esther Wenger konstatiert: „Bis heute gilt langes, weit aufgelöstes Haar als Synonym für das Wilde, Freie, Sinnliche, Verwegene, Ungezügelte, wird mit der Mähne ungezähmter Pferde verglichen, wird als Rückkehr der Frau in eine Art Naturzustand gefeiert." In: Wenger 2000. S. 23.

[156] Zitiert nach Baumann 2000. S. 123.

sie ein weibliches, junges Vorbild: ihre Freundin Sabine, deren Ehrgeiz und Fähigkeit, sich Problemen zu stellen, Sandras Bewunderung hervorrufen. Weil Sandra ihre neue berufliche Umgebung, ihre KollegInnen und den Polizeialltag erstmalig erlebt, sieht das krimiroutinierte Publikum alles mit ihren Augen, gleichsam mit einem neuen, unverbrauchten Blick, aus der Perspektive einer jungen, engagierten Polizistin. Das verleiht dem Krimigeschehen einen neuen Akzent und macht es leicht, sich mit der Heldin zu identifizieren.[157]

Die junge Polizistin nimmt ihre Ermittlungen zu Sabines Tod mit Professionalität und Intuition in Angriff. Mit dieser Kombination, durch die sie sich vom Gros ihrer männlichen Kollegen unterscheiden, sind derzeit die meisten Kommissarinnen im deutschen Fernsehprogramm erfolgreich tätig. Sandras Hartnäckigkeit treibt die Handlung bis zur Aufklärung des Falls und der Missstände innerhalb der Dienststelle voran. Die Darstellung ihres Verhaltens hebt sich insofern von dem im deutschen Fernsehen noch vor kurzer Zeit präsentierten Bild berufstätiger Frauen ab, das Weiderer ermittelt hat:

> „Signifikant mehr Männer als Frauen drücken ihr berufliches Engagement durch die Entwicklung eigener Ideen und Initiativen aus, während sich signifikant mehr Frauen als Männer an die bestehenden Gegebenheiten und Regeln anpassen."[158]

Im Gegensatz zur weiblichen Protagonistin in „Der Spanner" ist Sandra tatsächlich eine starke Person. Das zeigt sich sowohl in ihrem Verhalten – sie lässt sich trotz einer Fülle von Hindernissen nicht in ihrem Vorhaben beirren – als auch in ihrer kameratechnischen Präsentation. Die Positionie-

---

[157] Sandra erringt die Sympathie der ZuschauerInnen, ein Gefühl, das nach Seeßlen durch Filmpolizisten selten evoziert wird; statt dessen entstehe eine „Faszination [...] zwischen Furcht und Mitleid". In: Seeßlen 1999. S. 18.

[158] Weiderer, Monika. Das Frauen- und Männerbild im Deutschen Fernsehen. Regensburg 1993. S. 122.

rung zu ihren Gegenspielern verdeutlich mehrfach ihre moralische Überlegenheit, die große Anzahl von Großaufnahmen ihres Gesichts bringt sie uns buchstäblich nahe.[159] Dass Sandra Mittelpunkt des Films ist, zeigt auch die Häufigkeit und Dauer ihrer Auftritte; sie hat dramaturgisch den ersten Rang inne.

Was Sandra auszeichnet, bringt sie in Schwierigkeiten. Ihr Enthusiasmus und ihr Geschlecht im Zusammenhang mit der in Aussicht stehenden Führungsposition führen dazu, dass sie ‚in ein Wespennest sticht'. Sandras Kollegen setzen alles daran, sie zum Scheitern zu bringen, denn sie ist in doppelter Hinsicht ein Störfaktor. Einerseits würde jede neu hinzukommende Person das korrupte innerbetriebliche System bedrohen, von dem die meisten profitieren; Außenstehende sind demnach grundsätzlich nicht erwünscht. Andererseits schickt sich Sandra an, das in dieser Dienststelle fest verankerte patriarchalische Weltbild ins Wanken zu bringen,[160] weil sie nach Abschluss ihrer Ausbildung ungeachtet ihrer Jugend und ihres weiblichen Geschlechts einen höheren Dienstgrad als ihre Kollegen haben wird.

Sandras Isolation wird am deutlichsten im Gemeinschaftsraum der Dienststelle inszeniert. Die Kollegen gruppieren sich gemeinsam auf einer Seite des großen Tischs in der Raummitte, während sie sich allein auf der anderen Seite befindet. Damit schaffen sie sowohl eine deutliche räumliche Distanz als auch eine zusätzlich trennende symbolische Grenze zu Sandra. Dieser Raum spiegelt ohnehin die Machstrukturen innerhalb der Dienststelle wider: Bereits vor dem Ausbruch des Konflikts sind bei Besprechungen die Frauen auf der einen und die Männer auf der anderen Seite des Tisches angeordnet. An der Spitze ist der – männliche – Vorgesetzte positioniert. Damit wird seine Vormachtstellung innerhalb der bestehenden Hierarchie

---

[159] Kuchenbuch formuliert in Bezug auf „Schemata von Nah und Fern": „[...] die Kameraposition [drückt, C.H.] eine psychologische Interpretation des Objekts aus." In. Kuchenbuch 1978. S. 38.

[160] Für Seeßlen ist ein Polizist noch immer „[...] auch eine Inszenierung von Männlichkeit [...][und, C.H.] die Polizei Bild einer Männergesellschaft" Seeßlen 1999. S. 21.

verdeutlicht. Dieser Vorgesetzte könnte kaum klischeehafter sein. Sein Führungsstil ist autoritär. Er ist missgünstig, desillusioniert, rücksichtslos und uneinsichtig[161] und begünstigt durch seine Gleichgültigkeit das frauenfeindliche Verhalten seiner Belegschaft. Die Darstellung dieser Figur ist völlig eingleisig; der Mann zeigt im gesamten Handlungsverlauf keine positive Regung oder Eigenschaft. Diese Eindimensionalität wirkt sich zu Lasten der Glaubwürdigkeit der Figur aus, denn in der Alltagserfahrung des Publikums ist das soziale Wissen integriert, dass selbst die unsympathischsten Zeitgenossen auch die eine oder andere Verhaltensnuance zeigen.

Sofort mit dem Eintritt in ihre zukünftige Arbeitswelt erhält Sandra einen Vorgeschmack auf das, was sie erwartet. Ihre künftigen Kollegen kommen ihr aus der Dusche entgegen und begrüßen sie mit Pfiffen und anzüglichen Bemerkungen. Der einzige vollständig bekleidete Kollege Stefan Lanz reißt einem von ihnen zudem das Handtuch von der Hüfte. Im Bildvordergrund ist dabei das nackte Gesäß des Mannes zu sehen; die nächste Einstellung zeigt, dass Sandra verärgert zur Seite blickt. Kurz darauf erweist sich ihr Vorgesetzter als unsympathisch und ihr nicht gewogen und teilt ihr ausgerechnet Stefan Lanz als Ausbildungsleiter zu. Doch sie ist offenbar eine Kämpfernatur. Anstatt sich von ihren negativen ersten Erfahrungen einschüchtern zu lassen, stellt sie schon beim ersten Einsatz ihre Unerschrockenheit unter Beweis. Da sie mit diesem Debüt allerdings auch das Versagen ihrer Kollegen bloßstellt, wird ihre Leistung nicht honoriert. Stattdessen erhält sie eine Rüge, weil sie sich einer Dienstanordnung widersetzt hat.

---

[161] Damit wird der Vorgesetzte noch negativer dargestellt als meist üblich. Über die Präsentation von Vorgesetzten im deutschen Fernsehen schreibt Weiderer „Beide Geschlechter haben mit einer Ausnahme ausschließlich männliche Vorgesetzte, wobei Frauen überhaupt häufiger in Beziehung zu einem Vorgesetzten gezeigt werden als Männer. Ihre untergeordnete berufliche Stellung kommt dadurch deutlich zum Ausdruck." In: Weiderer 1993. S. 131.

Diese Szene ist ein stellvertretendes Beispiel dafür, wie Sandra kameratechnisch inszeniert wird. Die Einstellung zeigt die beiden zunächst im Over-the-Shoulder-Shot, während Sandra rechts im Vordergrund und ihr Vorgesetzter im linken Hintergrund positioniert sind. Dadurch wirkt sie optisch größer als er. Ihre aufrechte Haltung verdeutlicht zudem ihre moralisch stärkere Position. Gleichwohl bleibt die Enttäuschung nicht ohne Folgen für ihre Stimmung: Als die Einstellung wechselt, sehen wir aus seiner Perspektive im Over-the-Shoulder-Shot Sandras ungläubiges, enttäuschtes Gesicht in Großaufnahme. Dadurch wirkt er größer als sie, was seine vorübergehende und ausschließlich aus seiner Amtsautorität resultierende Überlegenheit verdeutlicht.

Auch im weiteren Verlauf des Films wird Sandra immer wieder ‚gemobbt', sehr häufig in Verknüpfung mit sexistischen Äußerungen. In diesem Zusammenhang werden Sandra und die Zuschauer mehrfach mit einer groben ‚Symbolik' konfrontiert: Leuchter und Tassen in der Form von Genitalien werden von den Kollegen in Sandras Umgebung platziert. Noch einen Schritt weiter gehen Sandras Gegner, als sie sie heimlich in der Dusche fotografieren und ihr Nacktfoto in das Fotoalbum einer betrieblichen Feier einfügen.

Bei einer Schießübung sehen wir sie in der Halle rechts im Bildvordergrund in Obersicht. Durch diese Kameraperspektive wird sie uns optisch klein und objekthaft präsentiert. Dieser Eindruck ist insofern folgerichtig, als ihre Kollegen sie aus dieser Perspektive beobachten. Sie trägt einen weißen Helm mit der Aufschrift „007, Polizei" (ein ironisches James Bond-Zitat?), der ihr langes Haar nicht verdeckt. Damit wird sowohl ihre Weiblichkeit als auch ihre Professionalität illustriert. Als in schneller Abfolge auf mehreren Monitoren gefährliche Situationen simuliert werden, meistert Sandra alle bravourös. Doch diese Leistung, die von Lanz und seinen Kollegen beobachtet wurde, wird von ihnen ausgenutzt, um Sandra erneut zu schikanieren: Lanz gratuliert ihr und fügt an: *Du gibst einen aus.* Man bestellt Pizza, und Sandra wird eine Rechnung über 211 Mark präsentiert. Bei der nächsten Schießübung schiebt man ihr eine defekte Waffe unter, wodurch sie als Versagerin erscheint.

Das alles stellt einen deutlichen Unterschied zu „Der Spanner" dar; frauenfeindliches Verhalten wird dort nicht thematisiert, auch einen autoritären Vorgesetzten gibt es nicht. Ein Zusammenhalt der Kollegen ist selbst im negativen Sinn nicht auszumachen.

Nicht nur beruflich, sondern auch auf privater Ebene wird unsere Heldin mit Problemen konfrontiert. Ihr Freund Roman wendet sich von ihr ab, weil sie Polizistin ist. Eine Freundin mit diesem Beruf passt offenbar nicht zu seinem ‚pazifistisch' geprägten Selbstverständnis. Kennzeichnend dafür ist eine Szene, die sich am Abend von Sandras erstem Arbeitstag abspielt. Da ihr Vorgesetzter sie noch für den abendlichen Streifendienst eingeteilt hat, kann sie ihre Verabredung mit Roman nicht einhalten. Um ihm das mitzuteilen, hält sie im Streifenwagen vor einer ‚Milieu'-Kneipe und betritt sie in Polizeiuniform. Da die Gäste, allesamt junge Menschen, bei ihrem Anblick augenblicklich verstummen und ihre Blicke mit offensichtlicher Abneigung auf sie richten, wird klar, welchen Fauxpas sie damit begangen hat. Ihre Uniform macht sie zum ‚Klassenfeind',[162] und Romans Unbehagen ist nicht zu übersehen, als er seine Jacke nimmt und mit ihr aus dem Lokal geht. Sein Verhalten draußen ist kühl; er geht schnell wieder zurück zu den anderen, ohne sich von seiner Freundin zu verabschieden. Bevor er sich wenige Tage später von ihr trennt, sagt er ihr, er habe einmal *ein anderes Mädchen* gekannt und fragt sie, ob sie stolz darauf sei, auf 100 Meter einen Menschen treffen zu können. Wenig später verscherzt sich Sandra definitiv die Sympathie der Belegschaft durch die Anzeige von Kollegen, die einen Demonstranten verprügelt haben. Ausgerechnet dann wendet er sich endgültig

---

[162] Nach ihrem Vordringen in die Männerdomäne ‚Polizei' verstößt Sandra nun auch privat gegen ein Tabu. Erneut sieht sie sich einer geschlossenen Gruppe gegenüber, in der sie nicht willkommen ist. Paradoxerweise wird sie von dieser als Vertreterin eben der Institution abgelehnt, in der man ihr die berufliche Integration verweigert.

von ihr ab. Sie verkraftet auch diesen Tiefschlag, was den Eindruck ihrer starken Persönlichkeit verstärkt.

Ungeachtet aller dargestellten Hindernisse treibt Sandra die Ermittlungen zu Sabines Tod voran und stellt Stefan Lanz zur Rede, als er ihr verdächtig wird. Auch sie wird, vergleichbar mit Färber in „Der Spanner", zur einsamen Heldin. Wie Seeßlen, allerdings auf den männlichen Cop bezogen, formuliert hat, ist er „[...] geradezu durch den Verlust definiert."[163] Dass die Protagonistin in jeder Hinsicht unter Druck gesetzt wird und ihm gleichwohl standhält, erhöht in der Wertschätzung des Publikums ihre menschliche und berufliche Leistung.

Allerdings wird sie uns nicht als fehlerlos präsentiert. Sie verlässt ihre bisherige Geradlinigkeit, als sie Zeugin einer Strafvereitelung wird. Ihr Kollege Horst hat einen Radfahrer angefahren und Fahrerflucht begangen. Sandra erlebt mit, wie ihr Kollege Quandt die Beweismittel verschwinden lässt und die Vertuschung der Tat auch dadurch begünstigt, dass er eine gefälschte Abmeldebescheinigung für das Unfallfahrzeug beschafft. Sie macht kaum einen Versuch, zu protestieren oder nachzufragen, und schweigt auch später. Die Zuschauer dürfen folgern, dass diese Reaktion ihrer Sympathie für Quandt zuzuschreiben ist. Der übt Selbstjustiz, indem er dem fahrerflüchtigen Kollegen eine anonyme Entschädigung für das Opfer auferlegt. Auch das nimmt Sandra, die nach der Misshandlung des Demonstranten noch so integer handelte, unwidersprochen hin. Am selben Abend lässt sie sich auf eine Affäre mit Quandt ein, wohl wissend, dass er verheiratet ist und Kinder hat.

Gleichwohl wird Quandt nicht als weitere Hauptperson inszeniert. Im Verhältnis zu Sandra wird er relativ selten ins Bild gesetzt. Er ist ein gut ausse-

---

[163] Seeßlen 1999. S. 30.

hender, groß gewachsener[164] Mann mit souveräner Ausstrahlung. Obwohl die Zuschauer von Beginn an wissen, dass er mit Sabines Tod in Zusammenhang steht, hat er nicht nur Sandras Sympathie, sondern auch die des Publikums auf seiner Seite. Selbst als sich endgültig herausstellt, dass er der moralisch Verantwortliche für Sabine Riemanns Tod ist und aus eigennützigen Motiven die Spuren manipuliert hat, verliert er sie nicht. Das ist auch darauf zurückzuführen, dass Regie und Kamera ihn positiv präsentieren: Wir sehen ihn gleichsam mit Sandras Augen, wenn er, gemessen an der Gesamtzahl seiner Auftritte, häufig in Nah- oder Halbnaheinstellung gezeigt wird. Zur Sympathiebildung trägt auch bei, dass er seinem Beruf nach erstem Anschein mit Ruhe und Umsicht nachgeht und den Legastheniker Horst in Schutz nimmt, als er von ihrem gemeinsamen Vorgesetzten bloßgestellt wird. Zudem ist er der einzige männliche Kollege, der sich aus den frauenfeindlichen Angriffen der Belegschaft heraushält.

Gefühle zeigt er jedoch kaum, seine Mimik und Gestik sind sparsam, sein Gesicht wirkt oft ausdruckslos. Damit entspricht er den gängigen Vorstellungen von Männlichkeit.[165] Damit wird ein starker Kontrast zu Sandra hergestellt, genau genommen auch zu einem relativ neuen, jedoch bereits etablierten Männerbild bei Fernsehkommissaren wie Schimanski und Färber. Ursula Ganz-Blättler subsummiert die (nicht mehr ganz) neuen Polizisten unter dem Satz: „Was ein richtiger Kerl ist, der weint und schämt sich seiner Tränen nicht."[166]

---

[164] Nach Gitta Mühlen Achs herrschen in unserer Gesellschaft nach wie vor „Vorstellungen von der [männlichen, C.H.] Überlegenheit durch Körpergröße, Körperkraft und Körperbeherrschung" vor. In: Mühlen Achs 1995. S. 27.

[165] „In unseren Breiten gilt ein unbewegter, ausdrucksloser und undurchdringlicher Gesichtsausdruck, der keine emotionalen Rückschlüsse zulässt, gemeinhin als besonders ‚maskulin'". Zitiert nach Mühlen Achs 1995. S. 24.

[166] Ganz-Blättler, Ursula. Serienhelden auf der Suche nach sich selbst. Ein paar Überlegungen zu deutschen Detektivserien. In: Hackl, Christiane. Prommer, Elisabeth. Scherer, Brigitte (Hg.). Models und Machos? Frauen- und Männerbilder in den Medien. Konstanz 1996. S. 152.

Im selben Beitrag zitiert sie eine Aussage Alice Schwarzers aus den achtziger Jahren:

> „Hierzulande stehen die Aktien für die Macker nicht mehr ganz so gut. Götz George ist der große Bruder, auf den man sich verlassen kann, der Kumpel, der Freund, und hatte auch nicht zufällig in der Schimanski-Rolle eine gewisse Selbstironie als Mann. [...] Also, Schimanski ist trotz Schnauzer und breiten Schultern im besten Sinne unmännlich."[167]

Recht bald wird offenbar, dass Quandt gravierende menschliche Schwächen hat. Kurz nach dem Tod seiner Freundin Sabine nimmt er die erste Gelegenheit wahr, mit Sandra zu schlafen. Allerdings ist sie es, die ihn in ihre Wohnung einlädt und damit einen aktiven Anteil daran hat, dass die beiden sich näher kommen. Das entspricht wiederum einem modernen Frauenselbstverständnis, nach dem Frauen sich sexuell als handelnde Subjekte und nicht als Objekte sehen.[168]

Nicht nur privat, sondern auch im Dienst nimmt es Quandt nicht so genau. Das zeigt sich, als er bei einem prügelnden Ehemann *für fünf Minuten die Vorschriften* vergisst, sowie im oben aufgeführten Vertuschungsfall seines Kollegen Horst. A

m negativsten fällt ins Gewicht, dass er von Sabines Tod ganz ungerührt zu sein scheint, obwohl sie seine Geliebte war und sich seinetwegen umgebracht hat. Den Zuschauern bleibt allerdings die Möglichkeit, dies als Maskerade zu deuten, die er zu seinem Schutz gebraucht. Sandras Ermittlungen führen dazu, dass er mit einer Gefängnisstrafe, dem Verlust seiner beruflichen Stellung und der Scheidung seiner Ehe für sein Verhalten bezahlen muss. Er erfährt demnach in allen Bereichen, in denen er Defizite gezeigt hat, seine gerechte Strafe, was die eindeutige moralische Krimi-Botschaft

---

[167] Ebda., S. 153.
[168] Vgl. Benjamin, Jessica. Die Fesseln der Liebe. Psychoanalyse, Feminismus und das Problem der Macht. Frankfurt 1996. S. 86 ff.

,Crime doesn't pay' in sich birgt. Sandra zeigt dagegen am Ende wieder Stärke, als sie sich aus dem unausgewogenen Verhältnis löst.

Trotz seiner Verstrickung in Sabines Tod und der Affäre mit Sandra bleibt Quandt eine Nebenfigur. Als Gegenspieler der Protagonistin fungiert stattdessen Stefan Lanz. In seiner Person vereinen sich viele schlechte Eigenschaften, ein positiver Charakterzug wird ihm nicht zugestanden. Zudem wird er uns bereits zu Beginn des Films verdächtig gemacht, als er nach Sabines Tod die Spurensicherung per Fernglas beobachtet.

Auch Sandras erste Ermittlungen scheinen ihn als Täter zu bestätigen. Er ist boshaft, korrupt, skrupellos und setzt alles daran, Sandra zu demütigen. Ein Misogyn ist er gleichwohl nicht: Er ist mit seiner Kollegin Gabi liiert, die ihn lange Zeit bei seinen Schikanen gegenüber Sandra unterstützt. Ein Beispiel für sein sexistisch geprägtes ,Mobbing' mag hier für viele gelten: Als Sandra bei einer Schießübung nicht mithalten kann, weil ihr die Kollegen eine defekte Waffe untergeschoben haben, sagt er mit überheblichem Lächeln zu ihr *Mit Gefühl, Frau Kollegin. Sachte. Wie abends mit'm Dildo*, bevor er sie stehen lässt.

Wenn er Sandra gängelt, kommt er ihr stets sehr nahe, was von ihr und vom Publikum als Grenzüberschreitung gelesen wird. Insofern geht er allerdings nicht ganz so weit wie sein Vorgesetzter, der manchmal seine Mitarbeiter körperlich berührt, während er sie herabsetzt oder ihnen unangenehme Anweisungen erteilt. In einer Hinsicht tritt Lanz jedoch in die Fußstapfen des Chefs: Er nutzt seine Amtsautorität, um Sandra zu demütigen.

Auch in seiner Berufsausübung wird er negativ inszeniert. Bei dem oben bereits erwähnten Einsatz versagt er. Er übersieht den Einbrecher und lässt sich, ebenso wie sein Kollege, fast mühelos vom Täter überlisten und entwaffnen.

Im Vorfeld dieser Sequenz werden die beiden Polizisten aus Obersicht gezeigt, während sie auf der Suche nach dem Einbrecher sind. Durch diese Kameraperspektive und ihr ständiges nervöses Hin- und Herspringen mit erhobenen Waffen wirken sie zwergenhaft und lächerlich. Zudem wird suggeriert, dass sie außer von den Zuschauern vom Täter beobachtet werden.[169] Spätestens hier wird den Zuschauern klar, dass sie auf der Verliererseite stehen.

Als der Verbrecher sie überwältigt hat, geht er langsam, die Polizisten bedrohend, einen Gang entlang rückwärts, in jeder Hand eine Polizeiwaffe. Die beiden folgen ihm mit dem Rücken zur Kamera mit erhobenen Händen. Positioniert sind die Personen im Dreieck. Die Kamera folgt der ‚Prozession', in der eine instabile Balance von Über- und Unterlegenheit beider Seiten besteht. Obwohl der Einbrecher doppelt bewaffnet und in seinen körperlichen Ausmaßen riesig ist, scheint er der Schwächere zu sein. Gleichwohl haben die Polizisten Angst vor ihm – ungeachtet dessen, dass sie ihn ‚verfolgen'. Die Spannung zwischen den Personen wird erst durch Sandra aufgelöst.

Nach einem Einstellungswechsel sehen wir aus ihrer Perspektive die drei Männer in der umgekehrten Positionierung aus dem Haus auf sie zukommen: zunächst den Einbrecher, mit dem Rücken zuerst, gefolgt von ihren beiden Kollegen. Durch seine enormen körperlichen Ausmaße füllt der Täter den Türrahmen fast vollständig aus. Die Szene ist durch rasche Schnitte gekennzeichnet. Nach dem Blick auf den massigen Rücken zeigt die nächste Einstellung Sandras angespanntes Gesicht in Großaufnahme, es erfolgt ein Wechsel auf die Kollegen mit den erhobenen Händen, dann wieder auf Sandra, wodurch die Tragweite ihrer Verantwortung deutlich wird.

Der Eindruck des Riesenhaften wird dadurch verstärkt, dass die Kamera so nahe auf den Einbrecher zugeht, dass er nun fast das ganze Bild ausfüllt. Umso stärker wirkt der Kontrast zwischen Sandra und ihm. Doch die ‚kleine', junge und unerfahrene Polizistin bezwingt ihren gewaltigen Gegner

---

[169] Christina von Braun schreibt: „Die Kamera, das Instrument, das beherrscht und gesteuert wird, kann der Zuschauer kaum vom eigenen Blick unterscheiden." Braun, von, Christina. Virtuelle Triebe- der Einfluß der neuen Medien auf die >>natürliche Ordnung der Geschlechter<<. In: Baumann 2000. S. 32.

und rettet damit ihre beiden männlichen Kollegen aus einer brisanten Situation, an der sie selbst nicht unschuldig sind: Sie prescht die Stufen herauf und stößt dem Einbrecher die Waffe ins Genick. Als er sich umdreht, rammt sie ihm das Knie in die Genitalien, woraufhin er zusammenbricht. Nun können die drei gemeinsam den Einbrecher endgültig überwältigen. Diese Darstellung steht beispielhaft für die inhaltliche und kameratechnische Inszenierung Sandras als starke Frau.

Bei einer Feier im KollegInnenkreis soll Sandra Schnaps mittrinken. Sie lehnt ab, weil sie noch einen Einsatz vor sich hat. Lanz demonstriert seine vermeintliche Überlegenheit mit den Worten: *Sie verwechseln da was. Bei 'ner Verkehrskontrolle blasen die Typen hinter'm Steuer, nicht wir.* Da niemand widerspricht, wird diese Haltung prinzipiell von der Allgemeinheit bestätigt. Die Szene transportiert eine doppelte Botschaft: Lanz ironisiert als Einzelperson die Prinzipien, die er als Polizist verteidigen müsste, was zudem kollektiv durch die Kollegen gebilligt wird. Beides vereint ergibt ein negatives Gesamtbild der Institution Polizei.

Auch Feigheit und Ungeduld gehören zu Lanz' schlechten Charakterzügen. Sandra stellt ihn zur Rede, als sie erfährt, dass er am Tag nach Sabines Tod ihre Schwester bat, ihn in der Wohnung eine CD holen zu lassen. Sandra fragt ihn: *Du hast schon gewusst, dass Sabine tot war?* Er antwortet belehrend: *Wenn ein Kollege stirbt, weiß das jeder Bulle in der Stadt innerhalb von fünf Minuten.* In diesem Bild werden beide Personen in Großaufnahme gezeigt. Die nächste Einstellung zeigt eine veränderte Positionierung der Personen und eine Gewichtung zu Sandras Gunsten: Von Lanz ist auf der linken Bildseite nur noch die rechte Kopfhälfte im Detail zu sehen, während Sandras Gesicht in Großaufnahme Einblick in ihre Gefühle gewährt. Ungläubig fragt sie: *Und du hast ihrer Schwester nichts gesagt?* Er antwortet schulterzuckend: *War nicht meine Aufgabe* und dreht sein Gesicht weg, womit er jegliche Kritik an seinem Verhalten demonstrativ zurückweist.

Lanz' dramaturgische Funktion besteht darin, einen Kontrast zwischen der jungen, unverbrauchten, geradlinigen, weiblichen Sandra und einem abgebrühten, desillusionierten, unredlichen, männlichen Gegenbild zu schaffen. Auch seine Charakterzeichnung ist, ebenso wie die des gemeinsamen Vorgesetzten, zu eindimensional, um ganz überzeugend zu wirken. Gemeinsam arbeiten beide gegen die junge Polizistin, wobei der Chef im Gegensatz zu Lanz einer Altersklasse angehört, die sich kurz vor dem Ruhestand befindet. Damit wird das Vorhandensein eines Männerbundes gegenüber dem anderen Geschlecht impliziert, der über Generationsgrenzen hinweg besteht.

Schon bei der ersten Begegnung wird klar, dass der Vorgesetzte Sandra die bevorstehende Karriere missgönnt. Während er in ihrem Beisein ihre Daten vom Bildschirm abliest, quittiert er die Tatsache, dass sie Jahrgangsbeste war, mit der Bemerkung: *Da hat sich Ihr Vater wohl öfter in der Schule blicken lassen.* Zum Schluss des Gesprächs kündigt er ihr an: *Die Theorie haben Sie bewältigt, aber jetzt kommt der Praxisschock.* Im Kontrast zu dieser Aussage schüttelt er ihr gleich darauf die Hand und fügt hinzu: *Willkommen an Bord. Sie werden sich wohlfühlen bei uns, da bin ich sicher.* Das klingt nach den Vorbemerkungen wie Hohn. Sandra findet bei ihm keine Unterstützung, wenn sie sich bei ‚Mobbingaktionen' ihrer Kollegen an ihn wendet. Nach der Befreiung ihrer Kollegen aus der erwähnten gefährlichen Situation erteilt er ihr eine Rüge, weil sie sich nicht an die Dienstanordnung gehalten hat, und teilt sie nach dem langen und ereignisreichen ersten Arbeitstag noch für eine zusätzliche abendliche Verkehrskontrolle ein.

Sandras Kollegin Monika Bauer wirft ihm unter anderem seine Frauenfeindlichkeit vor: Seit zwei Jahren behandelst du mich wie Scheiße. Für Sabine Riemanns Tod hast du nicht ein einziges Wort übrig. Und Sandra lässt du ins offene Messer laufen. Seine Erwiderung lautet: Verlass' mein Büro. Auch er ist demnach nicht bereit, sich mit Kritik auseinanderzusetzen, und lässt an ‚Weisungsgebundenen' seine Launen aus. Als Sandra die Polizisten anzeigt, die einen wehrlosen Demonstranten zusammengeschlagen haben, kommentiert er: Das wird schwerwiegende Konsequenzen für die Kollegen haben. Sandra erwidert darauf: Schwerwiegende Konsequenzen hat es vor allem für das Opfer. In dieser Szene ist sie moralisch, verbal und in ihrer Körperhaltung die Stärkere. Er rächt sich dafür, indem er seine Amtsautorität ausspielt. Als Sandra schließlich ihre Versetzung beantragt, kontert er: Entweder Sie ziehen Ihr Praktikum durch. Hier bei uns. Oder Ihre Ausbildung ist beendet. Die Positionierung der Personen erfolgt analog einer früheren Auseinandersetzung zwischen beiden: Der Vorgesetzte sitzt, Sandra steht. Dadurch ist sie die optisch Größere. Obwohl sie in Normalsicht gezeigt wird, wirkt sie überlegen, zumal sie sehr gerade steht, eine Chiffre für ihre charakterliche Geradlinigkeit und Unbeugsamkeit.

Zahlenmäßig sind Frauen in „Innere Angelegenheiten" etwas schwächer als Männer vertreten,[170] qualitativ dagegen stärker. Sie sind vielseitiger charakterisiert und zeigen neben beruflichem Engagement und Stärke auch Gefühl. Derartige ‚Frauenpower' wird auch durch eine zunächst unscheinbar wirkende Kollegin demonstriert: Monika Bauer. Nach Sabine Riemanns Tod treten in der Dienststelle außer Sandra nur noch Gabi Hess und Monika Bauer in Erscheinung, letztere verhältnismäßig häufig. Während Sandra und Gabi jung sind und damit dem Weiblichkeitsschema im Fernsehen entsprechen,[171] dürfte sie etwa Mitte vierzig sein. Im Laufe des Films stellt sich heraus, dass sie vor langer Zeit die Sympathien ihrer Kollegen verlor, weil sie einen Polizisten anzeigte, der einen unbewaffneten kleinen Dealer erschossen hatte. Sie strahlt nach ihrem langen polizeiinternen Kampf Enttäuschung und Erschöpfung aus, hält dem Druck jedoch stand und begegnet uns damit als eine starke Persönlichkeit.

---

[170] Wie Esther Wenger nachweist, sind Frauen im deutschen Fernsehen im Verhältnis 1 (weiblich) zu 3 (männlich) unterrepräsentiert. In: Wenger 2000. S. 84.

[171] Elisabeth Klaus kommentiert ihre Auswertung mehrerer Untersuchungen der neunziger Jahre im Vergleich zur Küchenhoff-Studie (1975): „Das ‚modernisierte' Leitbild entpuppte sich damit als erneute Stereotypisierung. Selbstbewusstes Agieren und Unabhängigkeit wurde nur solchen Frauen zugestanden, die dem Schönheitsideal entsprachen, zugleich verführerisch und ‚noch ungebunden', also für den Mann verfügbar waren." In: Klaus 1998. Seite 232.

Sandra gegenüber zeigt sie gelegentlich fürsorgliche Züge. Zu Beginn schlägt sie ihrem Vorgesetzten vor, sie zu Sandras Ausbildungsleiterin zu machen. Als das scheitert, versucht sie ihr in Einzelfällen zur Seite zu stehen. Interessant ist die Lichtsetzung, wenn Sandra und Monika Bauer näher miteinander zu tun haben. Diese Szenen sind in ein warmes, weich zeichnendes Licht getaucht. Ein vergleichbarer Lichteinsatz erfolgte erstmalig in der Exposition, in der Sabine Riemanns Sehnsucht deutlich wurde, während sie auf ihren Geliebten wartete. Ähnliche Lichtverhältnisse finden sich ausschließlich dann, wenn Frauen ins Bild gesetzt werden und eine stark emotional geprägte Atmosphäre geschaffen wird.

Monika Bauer ist eine souveräne Polizistin, die ihren Beruf mit Geradlinigkeit und Umsicht ausübt. Wir sehen sie ausschließlich im Rahmen ihrer Berufsausübung, wobei sie menschlich positiv dargestellt wird: Sie ist es, die dem zuckerkranken Einbrecher mit Schokodrops das Leben rettet und dafür sorgt, dass Lanz zum Schluss Farbe bekennt, wodurch Quandts Dienstvergehen aufgeklärt und Sandra aus einer prekären Situation befreit werden kann. In ihrer Person finden wir die Umkehrung des tradierten männlichen Klischees vor: Die Frauen sind die besseren und stärkeren Menschen. Gebrochen wird das durchweg positive Weiblichkeitsbild nur durch Gabi Hess, die sich auf die Seite von Lanz schlägt und dazu beiträgt, Sandra das Leben schwer zu machen. Doch selbst sie schwenkt, wenn auch spät, auf die ‚richtige' Seite um und überzeugt Lanz davon, dass er sein illegales Bündnis mit Quandt Sandra und der Gerechtigkeit wegen aufgeben muss.

Auch Frauen in Nebenrollen, etwa Sabines Schwester, werden überwiegend positiv dargestellt. Das stellt angesichts der Situation, dass im deutschen Fernsehen noch immer „weibliche Charaktere kaum Handlungsrelevanz"[172] haben, eine Besonderheit dar. Diese Veränderung zu Gunsten der Frauen geht zu Lasten der Männer: Die wichtigen männlichen Rollen sind

---

[172] Wenger 2000. S. 84.

negativ angelegt, wie bereits aus den Feststellungen zu Sandras Kollegen hervorgeht. Zwei weitere Männer in Sandras Geschichte, ihr Vater und ihr Freund Roman, sind nicht stark genug, um Sandra Rückhalt zu geben. Damit erfolgt insgesamt nicht nur eine Aufwertung weiblicher Polizisten gegenüber ihren männlichen Kollegen, sondern eine glatte Umkehrung des herkömmlichen Geschlechtsrollenklischees. Die Frauen sind stark und integer, die Männer versagen menschlich, beruflich und als Führungsfiguren. Die Aufklärung des Falls und die Wiederherstellung der Ordnung sind den Frauen vorbehalten.

4.2.2 Die Darstellung der Polizei

Die „Stahlnetz"-Staffel der fünfziger und sechziger Jahre war von der Intention geprägt, das noch instabile Vertrauen der Zuschauer in die Polizei wiederherzustellen und das Publikum zur verantwortungsvollen Mitarbeit im Kampf gegen das Verbrechen zu erziehen. Diese Absicht wird in der Folge „Innere Angelegenheiten" regelrecht umgekehrt. Zwar will auch sie offenbar den Zuschauern die Augen öffnen, doch mit einer völlig anderen Zielsetzung: ‚Aufgedeckt' werden unglaubliche Zustände innerhalb des Polizeiapparats, ausgerechnet in der Institution, die für Recht und Ordnung in Staat und Gesellschaft sorgen soll, was einen über das Übliche hinausgehenden Grad von Beunruhigung in sich birgt.[173] Die Rahmenbedingungen der ‚üblichen' Beunruhigung beschreibt Weber wie folgt:

> „Das geltende Gesetz ist für alle gültig oder gar nicht. Jede Übertretung des Gesetzes muß geahndet werden, sonst kann sich der kleinste Verstoß zur allgemeinen Bedrohung auswachsen und das Gesetz verlöre seine Legitimation durch die Gerechtigkeit, der es – zumindest virtuell – dienen soll. Diese

---

[173] „In seinem Mythos ist der Polizist Repräsentant derjenigen Gewalt, die für die Einhaltung der durch den Gesellschaftsvertrag beschlossenen Gesetze und Regeln zu sorgen hat. An diesen Mythos freilich glaubt kaum jemand noch, am allerwenigsten der Polizist selber. In: Seeßlen 1999. S. 19.

Spielregel wird niemals in Frage gestellt, weil eine derartige Frage an den Grundlagen der Gesellschaft rührte."[174]

In „Innere Angelegenheiten" übertreten Polizeibeamte die Gesetze. Beispiele dafür sind bereits aufgeführt worden. Das negative Gesamtbild wird durch Sabines Beerdigung abgerundet. Sie findet an einem trüben Herbsttag mit einer tiefhängenden, grauen Wolkendecke statt, was eine dem Anlass entsprechend bedrückende Atmosphäre erzeugt.

Kameraeinstellung und Kulisse erinnern an die Umgebung des einsamen ländlichen Hauses, in dem Sabine gestorben ist, zumal der erste Shot über einen Weiher hinweg erfolgt. Er zeigt in der Totale die kleine, verloren wirkende Gruppe der Trauergäste am Grab. Sandra und Monika Bauer scheinen die einzigen Vertreter der Polizei zu sein; eine spätere Einstellung zeigt schließlich auch Achim Quandt, der ein gutes Stück entfernt steht und dadurch als nicht zu den Trauernden gehörig rezipiert wird. Dass die übrigen Mitarbeiter der Dienststelle an der Beerdigung nicht teilnehmen, verdeutlicht die mangelnde Teilnahme am Tod ihrer Kollegin.

Die Einstellung der Polizisten wird auch durch die folgende Szene offenbar: Nachdem bei einem recht dramatischen Einsatz ein unbeteiligter Passant von einem Querschläger getroffen worden ist, diskutiert der Vorgesetzte mit Lanz darüber, dass der Verursacher festgestellt werden soll. Lanz' Kommentar lautet: *Greift doch Nothilfe*. Ihn berührt es offenbar nicht, dass ein Außenstehender eine Verletzung davontrug.

Die Darstellung der aufgeführten Interna lässt für die Zuschauer den Eindruck entstehen, Einblick in ‚tatsächliche' Verhältnisse bei der Polizei zu bekommen und knüpft damit an die anfängliche Authentizitätswirkung der frühen Reihe an. Im Kontrast zu deren Intention, das Vertrauen in den Polizeiapparat zu stärken, entsteht jedoch der umgekehrte Effekt: Die Vertuschung von Straftaten, Manipulation von Beweismitteln und frauenfeindli-

---

[174] Weber 1992. S. 158.

ches Verhalten durch inkompetente Vorgesetzte und Mitarbeiter sind geeignet, die Glaubwürdigkeit der Ordnungsmacht zu erschüttern. Den Zuschauern bleibt zu hoffen, dass die dargestellten Zustände reine Fiktion seien.[175] Angesichts der Erkenntnis, dass bei Fernsehkrimis ohnehin „[...] von Aufklärung [...] nichts übrig [bleibt, C.H.] außer einem Orientierungsmuster im Unterhaltungsschema,"[176] relativiert sich die Durchschlagskraft der ‚Aufdeckung', die hier inszeniert wird.[177]

Die Folge stellt im Vergleich zum Gesamtbild deutscher Fernsehkrimis keinen Regelfall dar. Zwar ist es nicht mehr ungewöhnlich, interne Missstände ins Bild zu setzen; dass sie den Kern einer Geschichte bilden, ist jedoch selten. Der Film widerspricht damit auch der „Etablierung des Polizisten als positiv gezeichnete Hauptfigur"[178] – mit der Einschränkung, dass Sandra Bienek als Repräsentantin einer nachwachsenden Polizeigeneration eine hoffnungsvolle Perspektive schafft.[179]

Die dargestellte ‚Verfilzung' innerhalb des Mitarbeiterstabs geht oft mit einem feindseligen interpersonellen Umgangston einher. Monika Bauer versucht, Sandra Einblick in die Zusammenhänge zu geben. Ihr Monolog lautet:

Polizisten sind Herdentiere. Immer schön im Rudel bleiben.
Aus der Reihe tanzen hat Konsequenzen. Schon wenn einer was

---

[175] Bauer stellt zu den „komplexen Organisationsformen und Funktionsverteilung, welche die Polizeiarbeit in der Realität prägen", fest: „Diese sind jedoch in fiktionaler Darstellung häufig simplifizierend verfälscht [...]" In: Bauer 1992. S. 108.

[176] Weber 1992. S. 41.

[177] Der Drehbuchautor der Folge, Orkun Ertener, berichtet allerdings, dass seine Recherchen die Ausgrenzung weiblicher Polizisten durch die männlichen Kollegen als häufigen Fall im Polizeialltag bestätigt haben. Persönliches Gespräch mit dem Autor vom 27.10.2001.

[178] Weber 1992. S. 52.

[179] Ohnehin hat ein Polizist nach Seeßlen eine „widersprüchliche Existenz [...], der die Gesellschaft [...] gegen einen Feind verteidigen muß, der nicht von außen kommt, sondern vom Inhalt der Gesellschaft selbst produziert wird" In: Seeßlen 1999. S. 11.

anderes sieht, gibt's Probleme. Die Herde irrt nicht. Und trotzdem gibt es Menschen, die auf ihrer Wahrnehmung beharren. Gegen alle und um jeden Preis. Und die nennt man dann Wahrheitsfanatiker. Wir sind uns ähnlich, Sandra. Ich will Ihnen helfen.

Diese Aussage unterstreicht die gesamtfilmische Botschaft. Polizisten stuft Monika Baumann als Teil einer Meute ein, sich selbst grenzt sie davon ab, indem sie sich zu den *Menschen* zählt, *die auf ihrer Wahrnehmung beharren*. Dadurch, dass sie Sandra und sich als einander ähnlich bezeichnet, bezieht sie die junge Kollegin in die ‚menschliche' Kategorie mit ein und stellt die meisten übrigen Polizisten auf die andere Seite.[180]

Gravierend ist, dass die Polizeibeamten bedenkenlos kleinere Delikte verüben, sich dabei gegenseitig decken und damit eigenmächtig außerhalb des Gesetzesgefüges platzieren. Auch schwerer wiegende Delikte werden vertuscht, wie der Fall zeigt, in dem Horst bei einer Autofahrt in alkoholisiertem Zustand mit einem Fahrradfahrer zusammenstößt. In diesem Kontext erscheint es fast als logische Folge, dass Quandt die Spuren an Sabines Todesort verwischt, um sich Schwierigkeiten zu ersparen. Den Polizeiapparat bezeichnet Seeßlen als

„[...] eine[...] Institution, die Gewalt ausüben soll, um Gewalt zu unterdrücken, [...] deren Mythos nur aus einer Identität von Staat, Gesellschaft und Individuum gebildet werden kann, [...] deren Vertreter die Widersprüche der Gesellschaft regeln sollen und die doch nicht anders können, als diese Widersprüche

---

[180] Für die Realität stellt Otto Backes eine „hohe Berufszufriedenheit der Beamten" fest. Sie resultiert nach seinen Erkenntnissen vor allem aus einem „gute[n, C.H.] Betriebsklima". Backes, Otto. Kontrolle der Polizei. *Wer schützt uns vor denen, die das Gesetz schützen sollen?* In: Albrecht, Günter. Backes, Otto. Kühnel, Wolfgang. Gewaltkriminalität zwischen Mythos und Realität. Frankfurt am Main 2001. S. 363.

am eigenen Leib und in der eigenen Seele ausfechten zu müssen [...]."[181]

Diese Definition hebt die ambivalenten Anforderungen an die Mitarbeiter der Institution ‚Polizei' hervor. Es erstaunt daher nicht, dass das negative filmische Gesamtbild der Polizei gelegentlich Entsprechungen in der Realität findet. Polizisten als Straftäter kommen immer wieder in die Schlagzeilen.[182]

Dadurch, dass in „Innere Angelegenheiten" Polizisten zu Tätern werden, denen das Rechtsempfinden für ihr illegales Verhalten fehlt, überschreitet „Innere Angelegenheiten" die konventionellen Genregrenzen.

Weitere Beispiele für die Darstellung des Polizeialltags sind der bereits erwähnte Einsatz bei einem Einbruch, zwei Schießübungen, ein Verkehrsunfall, ein Todesfall im Schwimmbad und die polizeiliche Überwachung einer Demonstration.

Der durch diese Bilder entstehende Eindruck der Polizeiroutine ist nicht sehr prägnant, weil die jeweilige Szenerie meist lediglich als Hintergrund für Sandras Hauptproblem, ihre Bewährung im feindlichen Umfeld, dient. Eine Aufklärungsfunktion kommt ihnen nicht zu. Ohnehin dürfte die Masse der Krimizuschauer über einschlägige (film-) polizeiliche Routineaufgaben längst im Bilde sein, so dass im Gegensatz zu den Zeiten des frühen „Stahlnetz" in dieser Hinsicht weder Bedarf noch Erwartungen beim Publikum vorauszusetzen sind. Neues Interesse könnte man bestenfalls für jüngere Ermittlungsmethoden wie beispielsweise die Täterüberführung durch

---

[181] Seeßlen 1999. S. 10.

[182] Backes führt den sogenannten Polizeiskandal 1994 an, in dessen Rahmen die „[...] Hamburger Polizei [...] verdächtigt [wurde, C.H.], daß sie in ihren Reihen ausländerfeindliche und rechtsextremistische Tendenzen zugelassen habe, die zu schweren physischen Übergriffen gegenüber Ausländern [...] geführt hätten. Es kam zu Rücktritten [...], zur Einsetzung eines Parlamentarischen Untersuchungsausschusses, zu staatsanwaltschaftlichen Ermittlungen und zu einer ganzen Flut von Maßnahmen." Backes. In: Albrecht et al. 2001. S. 357 f.

DNA-Analysen annehmen. Nicht thematisiert wird die offenbar enorme physische und psychische Belastung von Polizisten in ihrem Berufsalltag.[183]

Dass weibliche Beamte in diesem Film die besseren Cops sind und Sandra Bienek aufgrund ihrer persönlichen Stärke und moralischen Integrität trotz aller Attacken an ihrem ‚Traumberuf' festhält,[184] impliziert die Botschaft, der Einsatz von Polizistinnen setze einen systeminternen ‚Reinigungsprozess'in Gang.[185] Dahinter verbirgt sich der klassische Katharsis-Ansatz und darüber hinaus der oben aufgeführte vertraute Krimi-Mechanismus: Nach vielen Umwegen setzt sich die Rechtmäßigkeit letztlich doch noch durch.

„Innere Angelegenheiten" wird, ähnlich wie „Der Spanner", von einem konventionellen Licht- und Kameraeinsatz begleitet. Handwerklich bewährte Prinzipien wie die Hervorhebung wichtiger Filmfiguren durch einen hohen Anteil an Halbnah- und Nahaufnahmen werden, wie bereits angeführt, zwar umgesetzt, doch ist die Kamera zurückhaltend in ihren Bewegungen und verhält sich häufig wie unbeteiligt. Dadurch erreichen die Bilder und damit die Aussage des Films nicht die Intensität, die möglich wäre.

Entsprechendes gilt für den überwiegend unspektakulären Lichteinsatz. Die meisten Szenen finden bei Tageslicht statt; das in Krimis häufige Verfah-

---

[183] „Polizeibeamte erleben ihren Berufsalltag mehrheitlich anstrengend und stressig. In hohem Maße klagen sie über gesundheitliche Belastungen, die sich v. a. aus dem Wechselschichtdienst ergeben; aber auch die ständige Konfrontation mit sozialen Problemen, der Umgang mit aggressiven Personen sowie betriebsinterne Belastungen, die aus dem Fehlen von ausreichendem Personal und moderner Ausrüstung resultieren, tragen zu einer nicht geringen Unzufriedenheit bei." Backes. In: Albrecht et al. 2001. S. 362.

[184] Seeßlen sieht den Eintritt von Frauen in die reale und filmische polizeiliche Organisation als Spiegelung von [...] gesellschaftliche[n, C.H.] Emanzipations- und Abgrenzungsprozesse[n, C.H.]. Die Frau als Partnerin verändert die Institution, aber die Institution ändert auch die Frau." In: Seeßlen 1999. S. 22.

[185] Seeßlen stellt zum Polizeifilm fest, dass ein Polizist ein „letztes Heilmittel gegen die verbrechenskranke Gesellschaft" sei. Hier gilt dies für Polizistinnen gegenüber der Institution ‚Polizei' als Bestandteil der Gesellschaft. Ebda., S. 11.

ren, mit Dunkelheit oder Nebel Spannung zu erzeugen, wird nicht angewandt. In den bereits erwähnten gefühlsbetonten Sequenzen werden Weichzeichner eingesetzt, die Elemente ‚Weiblichkeit' und ‚warmes Licht' werden dadurch verknüpft. Entsprechungen in Szenen mit männlichen Darstellern gibt es nicht.

Eine Sequenz fällt hinsichtlich der Lichtästhetik positiv auf: Sandra und Lanz betreten während eines Einsatzes ein Hallenbad, in dem ein Mann einen plötzlichen Hirntod erlitten hat. Während sie parallel zum Schwimmbecken auf den Toten zugehen, werden an den hellen, gewölbeartigen Decken und Wänden ‚Wasserspiele' reflektiert. Mitten in dem schön gestalteten, lichtdurchfluteten Schwimmbad, gleich neben dem glitzernden Wasser, das Bewegung, Freizeit und Leben signalisiert, ist der Tod präsent, ein Kontrast, der uns einen Augenblick lang den Atem anhalten lässt. Im Inneren des Polizeigebäudes dagegen, insbesondere im Gemeinschaftsraum, in dem sich die internen Reibereien abspielen, herrscht trotz Neonlichts keine Helligkeit, sondern ein etwas diffuses Licht vor, eine Parallele zu „Der Spanner". Dadurch entsteht ein Eindruck von Undurchsichtigkeit, den man mit dem Gesamtgeschehen innerhalb des Gebäudes in Zusammenhang setzt.

Ein interessanter Einfall wird am Schluss des Films gezeigt. Die Auflösung des Falls findet in einem unwegsamen Gelände statt, wo Sandra ihren ehemaligen Geliebten zur Rede stellt. Die melancholische Herbststimmung erinnert an die Beerdigungsszene und erzeugt eine Atmosphäre von ‚Endzeitstimmung'. In einer – selten im Film angewandten – Parallelmontage erfahren wir ‚zeitgleich' das Geschehen in der Polizeidienststelle, wo sich Monika Bauer in ihrem Bestreben, Sandra zu helfen, um Informationen von Lanz bemüht. Diese Montage erzeugt Spannung: Wird Monika Bauer schnell genug sein, um Sandra helfen zu können? Mittlerweile gesteht Quandt Sandra, dass er bei Sabines Tod anwesend war. Der Ort der Aufklärung erweckt den Eindruck, ein verlassener Moto-Cross-Übungsplatz zu sein; die Landschaft ist kahl und ähnelt einer Wüste mit rotbraunem Sand.

Die entscheidende Aussprache, aus der Quandt als Verlierer und Sandra ‚geläutert' hervorgehen, findet fernab der Enge des Polizeigebäudes im Freien statt. Quandt ist dort mit seinem Motorrad erschienen, Sandra mit einem Streifenwagen. Ihre Ankunft mittels der verschiedenen Fahrzeuge enthält eine Vorausdeutung: Sandra ist Polizistin und wird es bleiben, Quandt als straffällig gewordener Beamter, dem eine Dienstsuspendierung bevorsteht, ist bereits jetzt auf sein privates Verkehrsmittel umgestiegen.

Hickethier hält Natur in filmischer Darstellung für „[...] gekennzeichnet durch das Bedeutungsfeld des Ursprünglichen, Urtümlichen, auch des Mythischen."[186] Als Beispiel führt er den Ritt eines durch die staubige Landschaft reitenden Cowboys an, den er als eine „Begegnung mit der >>unberührten<< Natur und damit zugleich mit den Grenzen menschlicher Existenz"[187] bezeichnet. Diese ‚Grenzerfahrung' machen auch Sandra und Quandt, mit dem Ergebnis, dass die ‚Gerechtigkeit ihren Lauf' nimmt. Und so endet auch dieser Krimi, wie die meisten, nach dem Prinzip ‚Crime doesn't pay'.[188] In einem Detail jedoch unterscheidet sich der Schluss von der Masse: Wir erfahren durch Sandras Off-Stimme die Konsequenzen, die sich für den Straftäter ergeben. Das ist laut Uthemann die Ausnahme: „Welche Strafe dies [...] konkret ist und wie sie vollzogen wird, wird nicht weiter thematisiert oder dargestellt."[189]

4.2.3 Epilog

Die Verbrechensaufdeckung in „Innere Angelegenheiten" hat durch die Darstellung der Gesetzeshüter als Gesetzesbrecher eine besondere Brisanz. Die Verunsicherung des Publikums ist daher stärker als gewohnt. Der Eindruck einer in sich geschlossenen Welt mit einer spezifischen Rechtsord-

---

[186] Hickethier 1993. S. 74.
[187] Ebda.
[188] Im Kriminalfilm werden „die Täter überwiegend gefasst". Zitiert nach Uthemann 1990. S. 89.
[189] Ebda.

nung der beteiligten Polizisten lässt ein irritierendes ‚Psychogramm' der Polizei entstehen.

Doch es wird auch eine hoffnungsvolle Perspektive angeboten. Der Nachwuchs, zumal der weibliche, ist unverbraucht und unverdorben und wirkt als Korrektiv. Zwei Merkmale werden in der Charakterisierung der Protagonistin verknüpft: Jugend und ‚Frauenpower'. Wie bereits ausgeführt wurde, ist für die letzten Jahre bei Fernsehkrimis eine Traditionslinie weiblicher Ermittler zu verzeichnen. Obwohl in anderen Genres bevorzugt junge Frauen als Heldinnen eingesetzt werden, handelt es sich bei der Gattung ‚Fernsehkrimi' häufig um Kommissarinnen mittleren Alters, die dem Täter auf der Spur sind. Einige prägnante Beispiele dafür sind Rosa Roth, dargestellt von Iris Berben, Hannelore Hoger als Bella Block und „Die Kommissarin" Hannelore Elsner. Sie alle und viele ihrer Fernsehkolleginnen haben zu neuen Impulsen einer weiblichen Perspektive beigetragen.

Die geschlechtsspezifische Perspektive wird in „Innere Angelegenheiten" vertieft, da der Protagonistin zusätzlich die Off-Stimme zur Verfügung steht. Sie erweitert das von ihren berühmten älteren Kolleginnen geschaffene Spektrum zudem durch eine stärker differenzierte Darstellung: In ihrer Persönlichkeit gibt es Brüche; sie macht gravierende Fehler und zeigt Schwächen, etwa als sie nach einer Fülle von Sticheleien verzweifelt und zusammengekauert allein im Sanitärbereich von Monika Baumann gefunden wird. Da sich ‚wahre' Stärke im Verkraften von Rückschlägen zeigt, stellt Sandra Bienek gleichwohl ein Vorbildmodell dar.

In modernen Fernsehkrimis, auch in vielen „Tatort"-Folgen, hat das Privat- und Gefühlsleben der ErmittlerInnen einen hohen Stellenwert errungen. Auch Sandra hat ein Privatleben, allerdings läuft es eher marginal ab. Nur selten ist sie in ihrer Wohnung zu sehen; als ‚Musterpolizistin' bewegt sie sich hauptsächlich innerhalb ihrer dienstlichen Gemarkung. Über ihre physische Verfassung und ihre persönlichen Gedanken erhalten wir zusätzlichen Aufschluss durch ihren Voice-Over. Dessen Gewicht ist jedoch im Verhältnis zu „Der Spanner" und den bisher zwei weiteren Folgen zurückhaltend und meldet sich relativ selten zu Wort. Damit nähert sich „Innere Angelegenheiten" stärker als ihre direkte Vorgängerin an den Fernsehkrimistandard an.

Abgrenzend dagegen wirkt sich ein anderer Aspekt aus: Getreu dem alten und neuen „Stahlnetz"-Prinzip wird weitgehend auf die Darstellung von Gewalt und ‚action' verzichtet; zudem liegt kein Mord, sondern Selbstmord vor. Daraus ergibt sich eine ruhigere Erzählweise, als wir sie aus vielen anderen Sendungen gewohnt sind; Spannung entwickelt sich in erster Linie aus dem Mitgefühl für die Situation der Figur Sandra.

Insofern hat der Film Zeitströme aufgegriffen. Er bietet dem weiblichen Publikum mit einer glaubwürdigen, da nicht fehlerlosen, aber aufrichtigen Protagonistin ein geeignetes Identifikationsmodell an. Durch die für Sandra und die Zuschauer positive Schlussperspektive hebt er sich vom derzeitigen Fernsehkrimistandard ab.

4.2.4 Bemerkungen zum Gesamtbild der zweiten Staffel

Als das Remake von „Stahlnetz" im September 1999 mit „Die Zeugin" eröffnet wurde, mögen sich Kenner der alten Staffel an eine der frühen Folgen mit einem ähnlichen Titel erinnert haben: „Die Zeugin im grünen Rock"[190]. Allerdings entsteht bereits dadurch, dass diesmal eine Kommissarin agiert, eine deutliche Zäsur zur ‚Traditionsreihe'. Es ermittelt Andrea Probst, dargestellt von Suzanne von Borsody. Sie verfügt über einen männlichen Assistenten. Opfer und Täter sind weiblichen Geschlechts. Diese signifikante Veränderung der Besetzung auf mehreren Ebenen spiegelt sowohl den gesellschaftlichen Wandel der Geschlechterrollen als auch den seit Jahren zu verzeichnenden Trend in der aktuellen Fernsehkrimilandschaft wider, Frauen verstärkt als Ermittler zu präsentieren.

---

[190] Dieser Titel wird offenbar häufig gebraucht: Auch die „Tatort"-Folge vom 30.09.2001 hatte den Namen „Die Zeugin".

Ein Tabubruch gegenüber der ‚Traditionsreihe' besteht darin, dass die Täterin noch ein Kind ist; einen entsprechenden Fall hat es in den „Stahlnetz"-Folgen der fünfziger und sechziger Jahre nicht gegeben. Auch in modernen Fernsehkrimis werden Kinder als Straftäter selten thematisiert, obwohl die Statistiken zeigen, dass Kinder und Jugendliche in der Realität zunehmend kriminell auffällig werden.[191] Kinder als Täter erschweren den Rezipienten die bequeme Gut – Böse – Zuweisung. In „Die Zeugin" hat man sich jedoch an die Problematik herangewagt. Wie noch zur Sprache kommen wird, treten auch in der vierten Folge Kinder als Kriminelle in Erscheinung.

Die Täterin in „Die Zeugin" lebt in einer zerbrochenen Familie. Ihre überforderte und verzweifelte alleinerziehende Mutter, die von ihrem Mann verlassen wurde, lässt ihre halbwüchsige Tochter seelisch vereinsamen. So gerät der Film, unterstützt von einer eindrücklichen Kameraführung und Regie, auch zum Psychogramm einer Mutter-Tochter-Beziehung, in der das Schicksal beider Mitgefühl verursacht. Trotz der Aufklärung des Verbrechens kann man als Zuschauer am Ende ebenso wenig aufatmen wie die Kommissarin und ihr Kollege, denn das eigentliche Problem ist unlösbar.

Im Kontrast zu den drei weiteren Folgen wird der Exposition ein Auftritt der Kommissarin vorgeschaltet, der zeitlich inmitten der Ermittlungen stattfindet. Das „Stahlnetz"-Konzept zeigt sich damit hinsichtlich der formalen Struktur flexibel. Während einer Schiffsfahrt auf der Elbe greift die Off-Stimme der Kommissarin ins Geschehen ein. Sie stellt uns ihren Assistenten vor und setzt uns über die Vorgeschichte des Falls in Kenntnis. Auch die Geschichte selbst wird aus der Retrospektive entwickelt. Die kommentierende Stimme aus dem Off hat in dieser ersten Folge ganz im Sinne der

---

[191] Eine weitere Ausnahme stellt die „Tatort"-Folge „Und dahinter liegt New York" vom 23.12.2001 dar. Ein 16jähriger erschießt gegen Ende des Films ungewollt seinen Vater, der ebenso wie seine Mutter in ein Verbrechen verwickelt ist; sein noch jüngerer Freund Dennis ist maßgeblich daran beteiligt, dass Batic und Leitmayr die Zusammenhänge erst spät aufklären können.

Tradition einen hohen Stellenwert. Sie gibt uns zahlreiche konkrete Informationen über ihre Arbeit, erzählt uns, dass für sie *die Wohnung eines Opfers wie ein offenes Buch* sei und gibt uns Aufschluss über berufliche Interna (die Konferenz aller beteiligten ErmittlerInnen wird *die große Lade* genannt). Weiter teilt sie uns mit, dass *Zeugen das Salz in der Suppe eines jeden Kriminalfalls* seien, was niemanden überraschen dürfte. Zeitweise ist sie so dominant, dass sie über die Filmstimme der agierenden Kommissarin hinweg spricht. Für den Krimi-Zuschauer von heute, der die ‚Traditionsreihe' nicht kennt, wirkt sie gelegentlich befremdlich, zumal ihr Informationswert marginal ist.[192]

Weder von der Off-Stimme noch durch die Filmhandlung erfahren wir viel über das Privatleben der Kommissarin. In dieser Hinsicht unterscheidet sich die Folge von einer insgesamt in der Fernsehkrimilandschaft erkennbaren Tendenz, private Belange der ErmittlerInnen als wesentliche Bestandteile in die Filmhandlung zu integrieren. Über die Gedanken und Gefühle, die der Fall in der Kommissarin auslöst, gibt uns der Off-Kommentar allerdings um so mehr Aufschluss. Trotzdem neigt man dazu, sich nicht mit der Polizistin, sondern mit der Täterin zu identifizieren – ein Sonderfall bei Fernsehkrimis, in denen meist die ErmittlerInnen die Haupt- und Identifikationsfiguren stellen.

Das musikalische „Stahlnetz"-Motiv erklingt in den neuen Folgen nur noch selten, jedoch immer nach der Exposition und meist noch ein zweites Mal im Verlauf des Films. Das ist auch bei „Die Zeugin" nicht anders. Bezüglich der Filmmusik ist ohnehin eine auffallende Veränderung gegenüber der ‚Traditionsreihe' erkennbar. In den neuen Folgen dominieren getragene, manchmal schwermütige Passagen, im Abspann des ersten Films schafft das melancholische Lied „Ich dreh mich um dich" von Herbert Grönemey-

---

[192] Die Kritik befand: „Inhaltlich sind diese Kommentare und Überleitungen allerdings verzichtbar [...]. Fraglich ist außerdem, was Informationen zur Polizeiarbeit zur Sache tun, wenn sie so altbacken [...] oder banal [...] sind wie hier." Martens, René. Der Tradition verpflichtet. Funk Korrespondenz 36/ 9. September 1999.

er noch einmal eine emotional dichte Atmosphäre. Auch in dieser Hinsicht passt sich die neue „Stahlnetz"-Staffel an ihre ‚Konkurrenten' an; Musik wird in den meisten Fernsehkrimis zur Erzeugung und Verstärkung von Stimmungen eingesetzt.

Regie, Kamera und Schnitt tragen durch Beweglichkeit, häufige Perspektivenwechsel und alternierende Tempi wesentlich zu dem beklemmenden Eindruck bei, den der Film hinterlässt. Die Gefühlswelt des Mädchens Sarah wird uns sehr einfühlsam nahegebracht, wenn wir aus seiner Perspektive die Personen sehen, die ihm emotional wichtig sind. Häufig wird dazu das Stilmittel der Untersicht eingesetzt. Besonders eindrücklich ist die Passage, in der in der Retrospektive der Tat das Gesicht des künftigen Opfers mit dem der lamentierenden Mutter rasch alternierend überblendet wird. Die Distanz zwischen dem Zuschauer und Sarah wird praktisch aufgehoben, der Druck, der auf dem Mädchen lastet, unmittelbar spürbar gemacht. Doch gibt es auch hier keine Eindeutigkeit. Die Mutter, die ihrem Kind die Liebe verweigert, ist selbst bedauernswert. Schuldzuweisungen werden damit erschwert. An dem nachhaltigen Eindruck, den der Film hinterlässt, haben auch die hervorragenden Schauspielerinnen großen Anteil.[193]

„Die Zeugin" ist, ähnlich wie die drei weiteren Folgen und die ‚Traditionsreihe', von einer ruhigen Erzählweise gekennzeichnet. Aufgrund der Whodunit-Konstruktion entwickelt sich jedoch mehr Spannung als bei den drei anderen aktuellen Filmen. Die formale Struktur ist einfach; ebenso klar wird der Plot entwickelt. Es gibt zunächst zwei verdächtige Erwachsene, doch stellt sich recht bald heraus, dass sie als Täter ausscheiden. So bleibt

---

[193] Diese Auffassung wird von dem Kritiker René Martens geteilt: „Ausgezeichnet sind [...] die Darbietungen der weiblichen Darsteller. Der Regisseur Thomas Bohn, früher Werbefilmer, hat wohl das Maximale herausgeholt – aus Julia Hummer, die die im Filmtitel genannte Zeugin spielt, eine am Leben verzweifelnde 13-jährige, aus Brigitte Karner, die deren allein erziehende, hoffnungslos überforderte Mutter verkörpert, sowie aus Oana Solomonescu als betrogener und hochschwangerer Ehefrau des Hauptverdächtigen." In: Funk Korrespondenz 36/99. S. 30.

nur das Mädchen Sarah übrig.[194] Joachim Huber umreißt in seiner Kritik den Eindruck, den die Geschichte bei ihm hinterlässt:

> „Es ist dieses Gesamtgefüge, das frösteln lässt. Zerbrochene Ehen, abgelegte Geliebte, betrogene Betrüger, eine überreizte alleinerziehende Mutter, schikanierte Kinder – das Drehbuch von Jessica Schellack und Kerstin Oesterlin führt die Polizisten in ein Milieu von Enttäuschung, Sehnsucht nach Liebe und Überforderung."[195]

Der bislang letzte Beitrag, „Das gläserne Paradies", versetzt uns mitten ins Großstadtmilieu, in dem rumänische Kinderbanden von ihren Bossen unter ständiger Gewaltbedrohung und -anwendung zum Stehlen gezwungen werden. Sie sind hoffnungslos, einen Ausweg scheint es nicht zu geben, denn sie riskieren ihr Leben, wenn sie sich ihren ‚Bossen' nicht fügen. Wie in der ersten Folge und in der Mehrzahl der Fernsehkrimis agiert ein Gespann von zwei Ermittlern, in diesem Fall männlichen Geschlechts. Kommissar Jonas Vogel spielt eine deutlich wichtigere Rolle als sein Kollege; insoweit rückt der Film von der mittlerweile überwiegenden ‚Gleichberechtigung' der Ermittler in aktuellen Krimis ab. Doch ganz gleich, wie viele Personen tätig würden, sie hätten kaum eine Chance, die im Hintergrund agierenden, mächtigen kriminellen Drahtzieher festzunehmen. Darum können Kommissar und Assistent auch nicht verhindern, dass eines der rumänischen Kinder brutal misshandelt und getötet wird. Die Polizei kann nur Teilerfolge erzielen. Das gelingt ihr, indem sie das Vertrauen einer ebenfalls unter der Kontrolle der Verbrecher stehenden jungen Frau gewinnt und ihr als Gegenleistung für ihre Kooperation einen Neuanfang verspricht.

---

[194] Der Film verzichtet damit auf „neue Möglichkeiten der Verrätselung", die Karl Prümm für filmische „Detektivgeschichten" aufzeigt, nämlich eine „komplexe, mehrdimensionale Erzählweise, [...] verwirrende Montageeffekte und überhöhtes Erzähltempo". Prümm. In: Pestalozzi et al. 1986. S. 370.

[195] Huber, Joachim. „Stahlnetz", neu aufgelegt. Ein sehr kühles Stück Fernsehen. In: Der Tagesspiegel. 14. 09.1999.

Doch es bleibt dabei, dass sie letztlich die Ursachen der Problematik nicht beseitigen, sondern nur die ‚Symptome' bekämpfen können. Der Kommissar bestätigt das über seinen abschließenden Off-Kommentar: *Es ist deprimierend, Bulle zu sein.*

Wie bereits ausgeführt wurde, ist diese pessimistische Perspektive in der deutschen Fernsehkrimilandschaft kein Einzelfall. Die bisherigen neuen „Stahlnetz"-Folgen sind sich mit Ausnahme von „Innere Angelegenheiten" in dieser Hinsicht ebenso einig wie ein großer Teil der übrigen aktuellen Produktionen. Im Jahr 1992 konstatierte Thomas Weber noch:

> „In Kriminalfilmserien [Weber unterscheidet nicht zwischen den Begriffen „Reihe" und „Serie", C.H.] müssen Verbrecher immer gefasst, die Fälle immer eindeutig gelöst und die Ordnung der Filmgesellschaft wiederhergestellt werden."[196]

Dass diese Feststellung mittlerweile überholt ist, hängt auch damit zusammen, dass die gezeigten Delikte immer häufiger auf der Basis zerstörter Familien und Beziehungen beruhen, ein weiteres Beispiel dafür, dass Fernsehkrimis gesellschaftliche Realität aufgreifen und widerspiegeln.

Erstaunlicherweise hinterlässt der Film keinen sehr nachhaltigen Eindruck. Das ist unter anderem auf wenig Fantasie beim Einsatz filmästhetischer Mittel zurückzuführen. Eine schwunglose Kameraführung gehört ebenso dazu wie eine zurückhaltende musikalische Untermalung. Hinzu kommt die bereits mehrmals angeführte, für alle „Stahlnetz"-Folgen kennzeichnende relative Langsamkeit der Erzählung.[197] Das Beispiel „Die Zeugin" hat allerdings gezeigt, dass auch im Rahmen einer ruhigen Erzählweise Beklemmung und Spannung möglich sind.

---

[196] Weber 1992. S. 158.
[197] Allerdings sind auch bei manchen anderen aktuellen Fernsehkrimis derartige Tendenzen erkennbar, etwa im TATORT vom 23.12.2001, „Und dahinter liegt New York".

Durch den spezifischen Ansatz, außer Mord auch andere Delikte in den Fokus zu rücken, setzt sich die aktuelle „Stahlnetz"-Reihe inhaltlich von der Masse deutscher Fernsehkrimiproduktionen ab. Im Zusammenhang damit steht eine weitere Differenz: Die Motive der jeweiligen Täter unterscheiden sich zumindest partiell von denen in „Tatort" oder weiteren Konkurrenzproduktionen. Nach Weber sind bei Krimis, die sich im Mittelstandsmilieu abspielen,

> „[...] die Handlungsmotive aller Figuren, einschließlich des Tatmotivs, psychologischer Natur, d.h. es handelt sich um Motive wie Liebe, Eifersucht, Haß, Neid und ähnliches."[198]

In den neuen „Stahlnetz"-Filmen lauten die Motive in chronologischer Reihenfolge der Folgen: Verzweiflung eines Kindes, unkontrollierter Trieb eines Sexualstraftäters, Korruption bei der Polizei[199] und Habgier skrupelloser Gangster. Die Staffel erweitert damit das Spektrum der Tatmotive.[200] In Bezug auf die Inszenierung dagegen hält sie sich an den Standard. Kennzeichen wie der kommentierende und moderierende Voice-Over und der (semi-)dokumentarische Gestus werden im Vergleich zur ‚Traditionsreihe' zurückhaltend eingesetzt und wirken heute in erster Linie wie schmückende Accessoires.

Ein übergreifender Gesamteindruck der neuen Staffel lässt sich auf der Grundlage von vier Folgen nur bedingt darstellen; die weitere Entwicklung von „Stahlnetz" bleibt abzuwarten. Im Jahr 2002, voraussichtlich in den Monaten Mai und September, werden nach Aussage von Martina Mouchot zwei weiteren Folgen ausgestrahlt werden; ihre Arbeitstitel lauten „PSI" und „Ausgelöscht". Auch deren Handlung wird im Sendegebiet des NDR

---

[198] Weber 1992. S. 151.
[199] Der auf dem Selbstmord von Sabine beruhende zweite Handlungsstrang hat jedoch ein durch verletzte Gefühle entstandenes Motiv.
[200] Das betrifft die vordergründigen Motive; in letzter Konsequenz hat jedes Verbrechen einen psychologischen Hintergrund.

spielen, unabhängig davon, wo die zugrundeliegenden Fälle tatsächlich stattgefunden haben. Bei der Darstellung von Gewalt und ‚action' will man auch in Zukunft Zurückhaltung üben; die detailgetreue und im Vergleich zu anderen Krimiproduktionen langsame Erzählweise wird weiterhin bewusst beibehalten.[201]

Nachtrag 2003: Die Reihe „Stahlnetz" wurde mit der Ausstrahlung der Folge „Ausgelöscht" am 18.05.2003 wieder eingestellt.

---

[201] Alle Aussagen zitiert nach einem Telefongespräch mit Mouchot, Martina. 10.01.2002.

5 „STAHLNETZ" VERSUS „TATORT"

„Tatort"-Format und -Sendeplatz bieten nicht nur unterschiedlichen Sendeanstalten, Autoren und Regisseuren, sondern auch verschiedenen narrativen Formen ein Forum. Am Programmplatz ist „Tatort" schon aufgrund seines langjährigen Erfolges primus inter pares.

Formal verbindet alle auf diesem Sendeplatz alternierenden Reihen, dass wechselnde Drehbuchautoren und Regisseure am Werk sind.[202] Martina Mouchot bezeichnet diese Konvention als „die gängige Arbeitsweise heutzutage".[203] Neu ist dieses Verfahren im deutschen Fernsehen gleichwohl nicht: Bereits die ZDF-Serie „Der Alte" wurde ab ihrem Beginn im Jahre 1977 von verschiedenen Drehbuchautoren verfasst. Jeweils knapp 90 Minuten, demnach Spielfilmformat,[204] stehen „Tatort", „Stahlnetz" und ihren ‚Mitstreitern' zur Verfügung. Sehr unterschiedlich ist die Anzahl der Ausstrahlungen: Am häufigsten ist „Tatort" zu sehen, während „Stahlnetz" bisher in großen zeitlichen Abständen ausgestrahlt wird.[205]

Durch den gemeinsamen Sendeplatz kann vorausgesetzt werden, dass die gleiche umfassende Zielgruppe erreicht werden soll.[206]

---

[202] Das ist, wie bereits zu Beginn zur Sprache kam, eine deutliche Veränderung gegenüber der ‚Traditionsreihe' „Stahlnetz", für die durchweg Wolfgang Menge und Jürgen Roland verantwortlich zeichneten.

[203] Mouchot. E-Mail 2001.

[204] Ludwig Bauer zitiert dazu im Zusammenhang mit „Tatort" Gunther Witte, für den diese „formale Gestaltung [...] mit ihren 90 Minuten Sendezeit die Chance [...] [bietet, C.H.], komplex strukturierte Geschichten >>mit den reicheren und reizvolleren Möglichkeiten des Spielfilms zu erzählen<<. In: Bauer 1992. S. 100.

[205] Gemäß Martina Mouchot sollen in Zukunft zwei Folgen innerhalb von 18 Monaten ausgestrahlt werden. Ein Ende sei noch nicht geplant. Zitiert nach Mouchot. E-Mail 2001.

[206] Weber definiert „[...] die Unterhaltung eines breiten, klassen-und schichten*un*spezifischen Publikums" als gesellschaftliche Funktion von Kriminalfilmserien. In: Weber 1992. S. 157.

Die Producerin bestätigt diese Annahme:

> „Angestrebt wird ein breites Publikum. Sonntag 20.15 Uhr ist ein prominenter Sendeplatz, der für alle Zuschauer interessant bestückt werden soll. Wir sind also nicht seitens der Redaktion des NDR angehalten, für eine bestimmte Zielgruppe zu entwickeln."[207]

Man beabsichtigt demnach nicht, nur die Generation zu erreichen, die „Stahlnetz" noch aus den Anfangszeiten des Fernsehens kennt.

Nach Aussage von Martina Mouchot war es „[...] eine glückliche Idee seitens des NDR"[208], auf das frühe „Stahlnetz" zurückzugreifen. Die gemeinsamen Kennzeichen von Authentizitätsanspruch und Voice-Over haben gegenüber dem Vorbild an Nachdrücklichkeit verloren. Ihr heutiger Stellenwert lässt sich an Mouchots Kommentar ablesen:

> „Off-Text und Authentizitätsanspruch sind formale Aspekte, über die sich das Format u. a. definiert. Ein weiteres Tatort-ähnliches Format würde nicht viel Sinn machen. Ein weiteres Krimi-Format muß sich auch durch Andersartigkeit und Originalität rechtfertigen."[209]

Der Unterschied ist also durchaus gewollt, um Abwechslung ins Programm zu bringen. Ein Unterhaltungsauftrag ist zu erfüllen. Dass es in „Tatort" und „Stahlnetz" an Spannung gelegentlich mangelt, steht dazu nicht im Widerspruch. Nach Weber ist ohnehin

> „[...] die Spannung des Fernsehens immer dosiert. Alle dargestellten Gefühle sind portioniert. Mitleid und Furcht wird in

---

[207] Mouchot. E-Mail 2001.
[208] Ebda.
[209] Ebda.

kleinen Häppchen serviert, die Katharsis *in Raten abgestottert.*"[210]

Einen höheren Reiz als Spannung bietet die ebenfalls von Weber definierte „Leitkategorie Realismus."[211] Die meisten Krimireihen nehmen für sich in Anspruch, ‚realistisch' zu sein. Das ist gleichwohl keine Errungenschaft des Krimis. Schon Gustav Freytag forderte im Jahr 1863 für das Drama: „Die Handlung [...] soll wahrscheinlich sein. [...] Der Genießende [...] hält an das poetische Gebilde [...] das Bild der wirklichen Welt, in der er selbst atmet."[212] Dem „Schaffenden"[213] rät er:

> „Er wird also seine Handlung so einrichten müssen, dass sie einem guten mittleren Durchschnitt seiner Hörer nicht gegen die Voraussetzungen verstoße, welche diese aus dem wirklichen Leben vor die Bühne bringen [...]"[214]

Ganz offensichtlich wird mit dem Realitätsprinzip einem tradierten Bedürfnis der Rezipienten entsprochen, ganz gleich, ob sie sich für Literatur, Bühnenstück oder Film- und Fernsehproduktion entscheiden. Folgerichtig soll auch der „Tatort" „nach dem Rezept seines Erfinders Gunther Witte „glaubhafte und realistische Geschichten erzählen".[215] In einem Interview, das Eike Wenzel mit Witte führte, fragte er ihn nach der „Verbindung zur Reihe „Stahlnetz", die von 1958 – 1968 lief und die man als Vorläufer des TATORT ansehen könnte"[216].

---

[210] Weber 1992. S. 160.
[211] Zitiert nach Weber 1992. S. 126.
[212] In: Jeziorkowski, Klaus (Hg.). Gustav Freytag. Die Technik des Dramas. Stuttgart 1993. S. 51f.
[213] Ebda., S. 54.
[214] Ebda., S. 54.
[215] Wenzel 2000. S. 10.
[216] Ebda., S. 28

Wittes Antwort darauf unterstreicht bei aller Verschiedenheit der Konzepte die Übereinstimmung hinsichtlich des Realitätsgehalts:

> „Ich muss sagen, an *Stahlnetz* habe ich gar nicht gedacht [...] Das *Stahlnetz* hat ja viel konsequenter behauptet, wir erzählen Geschichten nach den Akten [...] Soweit wollte ich gar nicht gehen. Ich wollte nur verhindern, [...] dass Krimiformen entstehen, die mit der Realität überhaupt nichts zu tun haben. Da haben wir später sehr darauf geachtet [...]"[217]

Der Umsetzung dieses Konzepts ist offensichtlich geglückt.[218] Auch Hickethier und Lützen führen den Erfolg von „Tatort" auf das „Konzept einer bewußten Alltagsnähe und das Streben nach milieugerechten Geschichten"[219] zurück. Das verweist noch einmal darauf, wie eng Authentizität und Realismusstreben miteinander verbunden sind. In „Stahlnetz" geht man in dieser Hinsicht noch ein Stück weiter als in „Tatort" und den meisten anderen Produktionen und setzt sich dadurch von den ‚Mitstreitern' ab. Eine weitere Aussage von Martina Mouchot verdeutlicht die Vorgehensweise:

> „Den heutigen Stahlnetzen liegen immer noch authentische Fälle zugrunde. Diese werden genau recherchiert. Entweder vom Autoren selber oder von einem professionellen Rechercheur. Die Fälle werden geographisch verlegt und darüber hinaus verfremdet, um tatsächlich involvierte Personen zu schützen. Die Ermittler-Konstellationen entsprechen nicht unbedingt der Wirklichkeit. Stahlnetz hat nicht den Anspruch,

---

[217] Ebda. S. 28.
[218] „Allgemein gilt die TATORT-Reihe als die *realistischste deutsche Kriminalfernsehserie.*" Weber 1992. S. 135.
[219] Zitiert nach Weber 1992. Ebda.

dokumentarisch zu sein, sondern ist ein fiktionales Programm."[220]

Damit wird die Funktion der Authentizität als Stilmittel deutlich:[221] Sie soll Abwechslung in die Krimilandschaft bringen, um das Zuschauerinteresse wach zu halten. Auch „Stahlnetz" präsentiert uns Fiktion, sein Authentizitätsansatz dient in erster Linie dazu, es von anderen Krimis unterscheidbar zu machen.[222]

Während sich das aktuelle „Stahlnetz"-Format bruchlos in das Sujet der Krimi-Reihen einordnen lässt, trifft das für „Tatort" nur mit einer Einschränkung zu. Zwar wechselt auch dort das Personal, doch kehren vertraute KommissarInnen der einzelnen Sendeanstalten immer wieder auf den Bildschirm zurück. Bauer hat hierzu schon 1992 festgestellt:

„Die föderalistische Produktionsweise schafft innerhalb des lockeren Reihenverbundes zusammenhängende Struktureinheiten bzw. Komplexe von Folgen, die jeweils um dieselbe Ermittlerfigur kreisen. Diese weisen in Minimalmerkmalen serielle Elemente auf [...] Signifikantes Beispiel hierfür ist das Korpus von mittlerweile mehr als 25 *Tatort*-Folgen des WDR, in denen mit Horst Schimanski die vielleicht populärste Kommissarfigur der ganzen Reihe im Mittelpunkt steht."[223]

Für „Stahlnetz" ergibt sich schon aufgrund seines Authentizitätsanspruchs ein ständiger Wechsel der ErmittlerInnenfiguren. Der traditionelle Vorgän-

---

[220] Mouchot. E-Mail 2001.

[221] Vgl. hierzu die Ergebnisse aus Kapitel 3.

[222] Im übrigen bedienen sich gelegentlich auch andere Krimireihen solcher Stilmittel, um den Realitätseindruck zu erwecken. In der „Polizeiruf 110"-Folge „Angst", die am 16.12.2001 ausgestrahlt wurde, finden sich mehrmals Einblendungen von Schriftzügen wie „Dienstag, 4. September", mit denen der Eindruck einer Protokollführung erzeugt wird.

[223] Bauer 1992. S. 101.

ger umging diese Einschränkung durch einen Kunstgriff: Zwar traten in der Regel die Kommissare nur einmalig in Aktion,[224] doch ließ man beliebte Schauspieler wie Heinz Engelmann in unterschiedliche Ermittlerrollen schlüpfen und nutzte damit den Effekt der Vertrautheit.

Ein signifikanter Unterschied zwischen vielen „Tatort"-Filmen und den bisherigen „Stahlnetz"-Folgen besteht unter anderem hinsichtlich der Darstellung von Gewalt und ‚action'. Damit verbunden ist die bereits mehrfach thematisierte langsame Erzählweise von „Stahlnetz", das in seinen ersten vier Folgen auf die Darstellung von Grausamkeit weitgehend verzichtet hat. Obwohl „Tatort" in toto nicht als exemplarisch für die Darstellung grausamer Szenen gelten kann, gibt es, auch in jüngerer Zeit, viele Beispiele für sehr drastische Bilder. Die Folge „Zielscheibe", am 14. Oktober 2001 ausgestrahlt, wird mit einer brutalen Erschießungsszene eröffnet, und auch im weiteren Verlauf wird mit Blut und Schusswechseln nicht gespart. Doch „Tatort" bietet Spielraum für ein großes thematisches und dramaturgisches Spektrum. Einen starken Kontrast zu „Zielscheibe" weist die Folge „Eine unscheinbare Frau" vom 11. November 2001 auf, die auf blutige Szenen weitgehend verzichtet und ihre Spannung aus völlig anderer Quelle speist: Eine Frau mittleren Alters, die von ihrem Geliebten verlassen wurde, entführt diesen Mann und verstrickt sich in die Folgen ihrer Tat. Daraus entsteht eine beklemmende Atmosphäre, der man sich als Zuschauer kaum entziehen kann.

Beiden Produktionen gemeinsam ist das Aufgreifen eines ‚Zeitgeistes', der sich unter anderem in gewandelten Lebensmodellen äußert. Bei „Stahlnetz" zeigt sich das beispielsweise in den Ansätzen, neue Frauen- und Männerbilder darzustellen.

---

[224] Es gab Ausnahmen, so löste etwa Kommissar Schilling aus Düsseldorf mehrere Fälle.

Dass sich „Tatort" seit über drei Jahrzehnten erfolgreich behauptet, führt Wenzel ebenfalls darauf zurück, dass immer wieder gesellschaftliche Entwicklungen thematisiert wurden:

> „Vieles hat sich im TATORT verändert, das hat ihm über Jahre hinweg den Erfolg garantiert. Aber noch immer besteht sein Erfolgsgeheimnis in seinem Pluralismus, in seiner Offenheit für Zeitströmungen und in seinem Konservatismus, was Komplexität und Gegenwartsbezogenheit seiner Geschichten angeht."[225]

Verknüpft mit dieser Aktualität war und ist ein sozialkritisches Potenzial, das beiden Formaten zu eigen ist. Gesellschaftliche oder politische Missstände werden als Nährboden für Verbrechen dargestellt. Wenn auch nicht eröffnet, so doch verstärkt wurde die Auseinandersetzung mit derartigen Themen durch Kommissar Schimanski, der mit respektlosen Handlungen und verbalen Attacken einen ‚Rundumschlag' gegen alles vollführte, was als ‚konservativ' etikettiert war. Ungeachtet dessen verbreitete er als ‚gebrochene' Figur die tradierte moralische Botschaft, die Fernsehkrimis auch heute noch verdeckt enthalten: Trotz eines für das Gesamtbild feststellbaren pessimistischen oder nicht eindeutigen Ausgangs wird im ‚Mikrokosmos' für Recht und Ordnung gekämpft, das Gute siegt wenigstens in Teilbereichen. Dafür stehen ungeachtet aller Differenzierungen Vertreter der Polizei, die einen endgültigen Sieg des Verbrechens über den Rechtsstaat verhindern. Damit hält der Fernsehkrimi neben seiner unterhaltenden[226] Funktion daran fest, bürgerliche Werte letztlich zu bestätigen.

---

[225] Wenzel 2000. S. 16.

[226] Dieter Ertel, Koordinator >Unterhaltung< der ARD, bezeichnet „Unterhaltung" als „*Dienstleistung*" des Fernsehens. Zitiert nach von Rüden, Peter. Was sind und zu welchem Ende produziert das Fernsehen *Unterhaltungsprogramme?* In: Kreuzer et al. 1979. S. 169.

6 RESÜMEE

Krimis wie „Stahlnetz" bedienen in unserer ‚Freizeitgesellschaft' ein ausgeprägtes Unterhaltungs- und Entspannungsbedürfnis der Rezipienten. Für die aus allen Gesellschaftsschichten und Altersgruppen stammenden Zuschauer ist es reizvoll, Zeugen von Geschichten zu sein, in denen Gefühle wie Liebe, Hass, Habgier und Neid Menschen zu Tätern und Opfern werden lassen. Die kriminalistischen Dramen spielen sich im Hier und Heute und damit in einer Welt ab, die Ähnlichkeit mit der realen Alltagsordnung der Zuschauer hat. Die realistisch erscheinende Atmosphäre schafft Vertrautheit und dient damit der Entspannung der Rezipienten. Der Realitätseindruck ist jedoch verkürzt konstruiert, um eine möglichst breite Zielgruppe zu erreichen.

Krimis treten überwiegend in serieller Form in Erscheinung; sie weisen dann über die wiederkehrenden Handlungsstrukturen hinaus eine Einheit des Ermittlungspersonals auf und verstärken den Wiedererkennungseffekt für die Zuschauer. Auf „Stahlnetz" trifft dies nur teilweise zu, da es nicht zu den Serien, sondern zu den Reihen zählt und die Ermittlerfiguren damit wechseln. Der Hinweis auf die zugrundeliegenden realen Kriminalfälle aus Polizeiakten und der moderierende Voice-Over stellen formale Abgrenzungen zum Krimistandard dar, fungieren allerdings bei der aktuellen Reihe nur noch als gestalterische Elemente. Die bei der Reihe der fünfziger und sechziger Jahre intendierte erzieherische Funktion entfällt bei der Neuauflage vollständig.

Als charakteristischer Polizeifilm integriert sich „Stahlnetz" ins Gesamtbild aktueller Fernsehkrimis. Es greift dabei eine generell zu beobachtende dramaturgische Veränderung auf: Während früher stets sicher war, dass ein Verbrechen aufgeklärt, gesühnt und damit eine grundsätzlich intakte Welt wieder in Ordnung gebracht wurde, spiegeln Krimis neueren Datums häufig soziale, wirtschaftliche und rechtliche Probleme in Staat und Gesellschaft wider, aus denen die gezeigten Verbrechen resultieren. Insgesamt ist die Perspektive pessimistischer als früher, wobei die Ermittler, immer häufiger weiblichen Geschlechts, wie eine ‚letzte Bastion' gegen das Verbrechen ankämpfen. In der „Stahlnetz"-Folge „Innere Angelegenheiten" werden die Ordnungshüter selbst zu Kriminellen. Die Nachwuchspolizistin Sandra Bienek korrigiert die Missstände innerhalb des Polizeiapparats, nachdem sie selbst gestrauchelt ist. Menschliche Schwächen und ‚Brüche' innerhalb der Persönlichkeit sind den ErmittlerInnen aktueller Fernsehkrimis nicht fremd. Dadurch unterscheiden sie sich von ihren Vorgängern im „Stahlnetz" der fünfziger und sechziger Jahre, die unbeirrt, pflichtbewusst und integer ihren Dienst versahen.

Die traditionelle Unterscheidung von ‚gut' und ‚böse' ist in aktuellen Krimis nicht mehr eindeutig. In aller Regel stehen jedoch die Täter auch heute auf der moralisch und rechtlich ‚falschen' Seite. Mitunter wird variiert: Die Täterin in „Die Zeugin" ist weder ‚böse', noch stellt sie eine Gefahr für die Gesellschaft dar, sondern sie trägt selbst Züge eines Opfers. Eine solche Abwandlung des konventionellen Täter-Opfer-Schemas lässt sich auch bei anderen Krimiproduktionen gelegentlich feststellen. Diese Entwicklung wird von einer zunehmenden psychologischen Hintergrundbeleuchtung von Tätern, Opfern und Ermittlern begleitet. Häufig wird zudem das Privatleben der ErmittlerInnen ins Krimigeschehen einbezogen.

Neben dem unangefochtenen Sujet ‚Mord' werden Delikte wie Sexualverbrechen und Wirtschaftskriminalität zum Gegenstand der Filmhandlung. „Stahlnetz" greift wie sein berühmter Vorgänger auf ‚Alltagskriminalität' zurück. Die Reihe nimmt in dieser Hinsicht im Gesamtspektrum eine Position zwischen Anpassung und Abgrenzung ein.

Dass Krimis gesellschaftliche Veränderungen widerspiegeln, lässt sich unter anderem an der Darstellung der Geschlechterrollen ablesen. In den letzten Jahren ist die Frauenquote unter den Ermittlern steil angestiegen. Auch beim aktuellen „Stahlnetz" agierten in den bisher vier Folgen zweimal Frauen in der Hauptrolle, wobei in „Innere Angelegenheiten" die weibliche Perspektive besonders stark ausgeprägt war. Insgesamt werden Vertretern beiderlei Geschlechts differenziertere Eigenschaften zugestanden, als es in den Anfangszeiten der Fernsehgeschichte der Fall war.

Das Gesamtbild der Ermittler wird im aktuellen Fernsehkrimi auch dadurch erweitert, dass neben PolizistInnen zunehmend VertreterInnen anderer Berufsgruppen auftreten, zum Beispiel Anwälte, Gerichtsreporter und Psychologen. Häufig ermitteln die Personen aller Berufe zu zweit oder in größeren Teams. Da „Stahlnetz" auf Fällen aus Polizeiakten basiert, agieren hier ausschließlich PolizistInnen.

Stellvertretend für Spannung tritt bei Fernsehkrimis häufig Entspannung ein. Je nachdem, ob Whodunit-Filme, inverted stories oder Mischformen ausgestrahlt werden, variiert die Spannungsintensität; bei „Stahlnetz" wird sie zusätzlich durch eine bewusst ruhige Erzählweise gemildert. Damit verknüpft ist ein weitgehender Verzicht auf Gewalt- und ‚action'-Darstellungen.

Damit profiliert sich „Stahlnetz" innerhalb des Genres ebenso wie durch die oben aufgeführten formalen Gestaltungsmittel ‚Voice-Over' und ‚Authentizität'. Im übrigen fügt sich die Neuauflage der Reihe ins Gesamtbild aktueller Fernsehkrimis ein und schließt sich dem Konzept an, Zeitströme aufzugreifen, ohne Bewährtes aufzugeben.

LITERATURVERZEICHNIS

Albrecht, Günter. Backes, Otto. Kühnel, Wolfgang (Hg.). Gewaltkriminalität zwischen Mythos und Realität. Frankfurt am Main 2001.

Arbeitshefte Bildschirmmedien. Heft 14, 1990. Universität-GH-Siegen.

Bauer, Ludwig. Authentizität, Mimesis, Fiktion. Fernsehunterhaltung und Integration von Realität am Beispiel des Kriminalsujets. München 1992.

Baumann, Heidrun (Hg.) >>Frauen-Bilder<< in den Medien. Zur Rezeption von Geschlechterdifferenzen. Münster 2000.

Benjamin, Jessica. Die Fesseln der Liebe. Psychoanalyse, Feminismus und das Problem der Macht. Frankfurt 1996.

Bild-Zeitung. 26. 11. 1964.

Bleicher, Joan Kristin. Ästhetik, Pragmatik und Geschichte der Bildschirmmedien. In: Chronik der Programmgeschichte des deutschen Fernsehens. Arbeitshefte Bildschirmmedien. Heft 32, 1992. Universität-GH-Siegen.

Brinckmann, Christine N. Der voice-over als subjektivierende Erzählstruktur des Film Noir.In: Kloepfer, Rolf. Möller, Karl-Dietmar (Hg.). Narrativität in den Medien. Mannheim, Münster 1986.

Brück, Inge. (Hg.). Einem Erfolgsgenre auf der Spur: Forschungsstand und Auswahlbibliographie zum Westdeutschen Fernsehkrimi. Halle 1994. http://www.medienkomm.uni-halle.de/krimi/Halma4.doc.

Cornelißen, Waltraud. Klischee oder Leitbild, Geschlechtsspezifische Rezeption von Frauen- und Männerbildern im Fernsehen. Opladen 1994.

Der Tagesspiegel. 14. September 1999.

Durzak, Manfred. Kojak, Columbo und deutsche Kollegen. Überlegungen zum Fernseh-Serial. In: Kreuzer, Helmut. Prümm, Karl (Hg.). Fernsehsendungen und ihre Formen. Typologie, Geschichte und Kritik des Programms in der Bundesrepublik Deutschland. Stuttgart 1979.

Fernsehen (5) 1957. Heft 9.

Fernsehen (6) 1958. Heft 10.

Flaig, Berthold Bodo. Meyer, Thomas. Ueltzhöffer, Jörg. Alltagsästhetik und politische Kultur. Zur ästhetischen Dimension politischer Bildung und politischer Kommunikation. Bonn 1997.

Funk-Korrespondenz 23/2. Juni 1954. Seite 16.

Funk-Korrespondenz 36/9. September 1999.

Ganz-Blättler, Ursula. Serienhelden auf der Suche nach sich selbst. Ein paar Überlegungen zu deutschen Detektivserien. In: Hackl, Christiane. Prommer, Elisabeth. Scherer, Brigitte (Hg.). Models und Machos? Frauen- und Männerbilder in den Medien. Konstanz 1996.

Giesenfeld, Günter. Prugger, Prisca. Serien im Vorabend- und Hauptprogramm. In: Schanze, Helmut. Zimmermann, Bernhard. Das Fernsehen und die Künste. Geschichte des Fernsehens in der Bundesrepublik Deutschland. Band 2. München 1994.

Giesenfeld, Günter. Die Entdramatisierung der Fiktionalität in der Fernsehserie. In: Schanze, Helmut. Kreuzer, Helmut (Hg.). Bausteine IV. Arbeitshefte Bildschirmmedien. Nr. 65. Siegen 1997.

Giesenfeld, Günter. Endlose Geschichten. Serialität in den Medien. Hildesheim 1994.

Gilligan, Carol. Die andere Stimme. Lebenskonflikte und Moral der Frau. München 1984.

Goffman, Erving. Stigma. Über Techniken der Bewältigung beschädigter Identität. Frankfurt am Main 1999.

Hackl, Christiane. Prommer, Elisabeth. Scherer, Brigitte (Hg.). Models und Machos? Frauen- und Männerbilder in den Medien. Konstanz 1996.

Heller, Heinz-B. und Zimmermann, Peter (Hg.). Blicke in die Welt. Reportagen und Magazine des nordwestdeutschen Fernsehens in den 50er und 60er Jahren. Konstanz 1995.

Heller, Heinz-B. Fernsehdokumentarismus der offenen Form. In: Heller, Heinz-B. und Zimmermann, Peter (Hg.). Blicke in die Welt. Reportagen und Magazine des nordwestdeutschen Fernsehens in den 50er und 60er Jahren. Konstanz 1995.

Hickethier, Knut. Der Zauberspiegel – Das Fenster zur Welt. Untersuchungen zum Fernsehprogramm der fünfziger Jahre. Arbeitshefte Bildschirmmedien. Heft 14. 1990. Universität-GH-Siegen.

Hickethier, Knut. Die Fernsehserie und das Serielle des Fernsehens. Lüneburg 1991.

Hickethier, Knut. Film- und Fernsehanalyse. Stuttgart, Weimar 1993.

Hickethier, Knut. Die Fernsehserie und das Serielle des Programms. In: Giesenfeld, Günter. Endlose Geschichten. Serialität in den Medien. Hildesheim 1994.

Hufen, Fritz. Lörcher, Wolfgang. Phänomen Fernsehen. Aufgaben – Probleme – Ziele – dargestellt am ZDF. Düsseldorf, Wien 1978.

Jeziorkowski, Klaus (Hg.). Gustav Freytag. Die Technik des Dramas. Stuttgart 1993.

Jugend, Film, Fernsehen. 8. Jahrgang 1964. Heft 1.

Keller, Harald. Kultserien und ihre Stars. Das Pflichtprogramm. Berlin 1988.

Klaus, Elisabeth. Kommunikationswissenschaftliche Geschlechterforschung. Zur Bedeutung der Frauen in den Massenmedien und im Journalismus. Opladen, Wiesbaden 1998.

Kozloff, Sarah. Invisible Storytellers. Voice-Over Narration in American Fiction Film. Berkeley, Los Angeles, London 1988.

Kreuzer, Helmut. Film- und Fernsehforschung. Göttingen 1978.

Kreuzer, Helmut. Sachwörterbuch des Fernsehens. Göttingen 1982.

Kreuzer, Helmut. Fernsehen in der Bundesrepublik Deutschland: Perioden, Zäsuren, Epochen. Heidelberg 1991.

Kreuzer, Helmut. Prümm, Karl (Hg.). Fernsehsendungen und ihre Formen. Typologie, Geschichte und Kritik des Programms in der Bundesrepublik Deutschland. Stuttgart 1979.

Kuchenbuch, Thomas. Film Analyse. Theorien, Modelle, Kritik. Köln 1978.

Lerg, Winfried B. Jack Webb (1920 – 1982). In: Studienkreis Rundfunk und Geschichte. Mitteilungen 9 (3) 1983.

Longolius, Christian. Fernsehen in Deutschland. Gesellschaftspolitische Aufgaben und Wirkungen eines Mediums. Mainz 1967.

Menge, Wolfgang. Von Haken und Ösen. In: Fernsehen und Film, 8 (1970), Heft 4.

Mikos, Lothar. Fernsehen im Erleben der Zuschauer. Vom lustvollen Umgang mit einem populären Medium. Berlin, München 1994.

Monaco, James. Film verstehen. Hamburg 1995.

Mühlen Achs, Gitta. Schorb, Bernd (Hg.). Geschlecht und Medien. München 1995.

MuK an der Universität Gesamthochschule Siegen, 10-25, 1981 – 1983.

Nagl, Ludwig (Hg.). Filmästhetik. Wien, Oldenbourg 1999.

Peulings, Birgit. Von >>Der Polizeibericht meldet<< zu >>Stahlnetz<<. In: Heller, Heinz-B. und Zimmermann, Peter. Blicke in die Welt. Reportagen und Magazine des nordwestdeutschen Fernsehens in den 50er und 60er Jahren. Konstanz 1995.

Pestalozzi, Karl. Von Bormann, Alexander. Koebner, Thomas. (Hg.). Vier deutsche Literaturen? Tübingen 1986.

Prugger, Prisca. Wiederholung, Variation, Alltagsnähe. Zur Attraktivität der Sozialserie. In: Giesenfeld, Günter. Endlose Geschichten. Serialität in den Medien. Hildesheim u. a. 1994.

Prümm, Karl. „Suspense", „Happy-End" und tödlicher Augenblick. Überlegungen zur Augenblicksstruktur im Film mit einer Analyse von Michelangelo Antonionis „blow up". In: MuK an der Universität Gesamthochschule Siegen, 10-25, 1981 – 1983.

Prümm, Karl. Vorläufiges zu einer Theorie der Multimedialität. Erläuterungen am Exempel „Krimi". In: Pestalozzi, Karl. Von Bormann, Alexander. Koebner, Thomas. (Hg.). Vier deutsche Literaturen? Tübingen 1986.

Prümm, Karl. Der Fernsehkrimi – ein Genre der Paradoxien. In: Rundfunk und Fernsehen. 35. Jahrgang 1987/3.

Reetze, Jan. Die Realität der Medien. Hannover 1992.

Roland, Jürgen. „Stahlnetz" oder die Wahrheit über die Polizei. In: Fernsehen (6) 1958. Heft 10.

Rundfunk und Fernsehen, 13. Jahrgang 1965. Heft 1.

Rundfunk und Fernsehen. 35. Jahrgang 1987. Heft 3.

Schanze, Helmut. Zimmermann, Bernhard. Das Fernsehen und die Künste. Geschichte des Fernsehens in der Bundesrepublik Deutschland. Band 2. München 1994.

Schmerl, Christiane. Das Frauen- und Mädchenbild in den Medien. Opladen 1984.

Schneider, Hans Joachim. Kriminologische Bemerkungen zu den Fernsehsendereihen „Stahlnetz" und „Fernsehgericht". In: Rundfunk und Fernsehen, 13. Jahrgang 1965. Heft 1.

Schneider, Irmela (Hg.). Amerikanische Einstellung. Deutsches Fernsehen und US-amerikanische Produktion. Heidelberg 1992.

Schweiger, Wolf. Der Polizeifilm. München 1989.

Seeßlen, Georg. Copland. Geschichte und Mythologie des Polizeifilms. Marburg 1999.

Seifert, Ruth. Machtvolle Blicke. Genderkonstruktion und Film. In: Mühlen Achs, Gitta. Schorb, Bernd (Hg.). Geschlecht und Medien. München 1995.

Sennett, Richard. Der flexible Mensch. Die Kultur des neuen Kapitalismus. Berlin 2000.

Sontheimer, Kurt. Die Adenauer-Ära. München 1991.

Studienkreis Rundfunk und Geschichte. Mitteilungen 9 (3) 1983.

Tasker, Yvonne. Working Girls. Gender and sexuality in popular cinema. London, New York 1998.

Taylor, Charles. Das Unbehagen an der Moderne. Frankfurt am Main 1997.

Thomas, Tony. Filmmusik: die großen Komponisten. München 1995.

TV 14. Heft 4, 2002. Bauer, Heinrich. Zeitschriften Verlag KG. Hamburg.

Uthemann, Christiane. Die Darstellung von Taten, Tätern und Verbrechensopfern im Kriminalfilm des Fernsehens. Münster 1990.

Waldmann, Werner. Das deutsche Fernsehspiel. Ein systematischer Überblick. Wiesbaden 1977.

Wasem, Erich. Kriminalspiel und Kriminalfilme im Fernsehen. In: Jugend, Film, Fernsehen 1964. 8. Jahrgang. Heft 1.

Weber, Thomas. Die unterhaltsame Aufklärung. Ideologiekritische Interpretation von Kriminalfernsehserien des westdeutschen Fernsehens. Bielefeld 1992.

Weiderer, Monika. Das Frauen- und Männerbild im deutschen Fernsehen: eine inhaltsanalytische Untersuchung der Programme von ARD, ZDF und RTL plus. Regensburg 1993.

Wenger, Esther. Wie im richtigen Fernsehen. Die Inszenierung der Geschlechter in der Fernsehfiktion. Hamburg 2000.

Wenzel, Eike (Hg.). Ermittlungen in Sachen TATORT. Recherchen und Verhöre, Protokolle und Beweisfotos. Berlin 2000.

Zimmermann, Peter. Fernsehen in der Adenauer-Ära. In: Heller, Heinz-B. und Zimmermann, Peter. Blicke in die Welt. Reportagen und Magazine des nordwestdeutschen Fernsehens in den 50er und 60er Jahren. Konstanz 1995.

E-Mail-Verzeichnis

Kiefer, Mathias. Kiefer@ard-werbung.de. Antwort: Fw: Stahlnetz, Tatort, GfK. AGF/GfK-Fernsehpanel (D), pc#tv aktuell, ARD-Werbung SALES & SERVICES. Persönliche E-Mail. 13. Februar 2002. 13. Februar 2002.

Kirjakov, Sabine. s.kirjakov.fm@ndr.de. Stahlnetz. Persönliche E-Mail. 13. September 2000. 14. September 2000.

Mouchot, Martina. mmouchot@studio-hamburg.de. AW: „Stahlnetz". Persönliche E-Mail. 17.Dezember 2001. 18. Dezember 2001.

Mouchot, Martina. mmouchot@studio-hamburg.de. AW: „Stahlnetz". Persönliche E-Mail. 23. Januar 2002. 23. Januar 2002.

Mouchot, Martina. mmouchot@studio-hamburg.de. „Stahlnetz". Persönliche E-Mail. 19. Februar 2002. 24. Februar 2002.

www.ingramcontent.com/pod-product-compliance
Lightning Source LLC
Chambersburg PA
CBHW020127010526
44115CB00008B/1011